CHRONIQUE DE VALLANT

ARCIS-SUR-AUBE. — TYP. LÉON FRÉMONT.

VALLANT-SAINT-GEORGES

ET LE PRIEURÉ DE

SAINT-GEORGES-EN-GAONNAY

PAR

Ernest CHOULLIER

MEMBRE DES SOCIÉTÉS ACADÉMIQUE DE L'AUBE
ET D'ARCHÉOLOGIE DE SEINE-ET-MARNE

ARCIS-SUR-AUBE

LÉON FRÉMONT, IMPRIMEUR-LIBRAIRE

1878

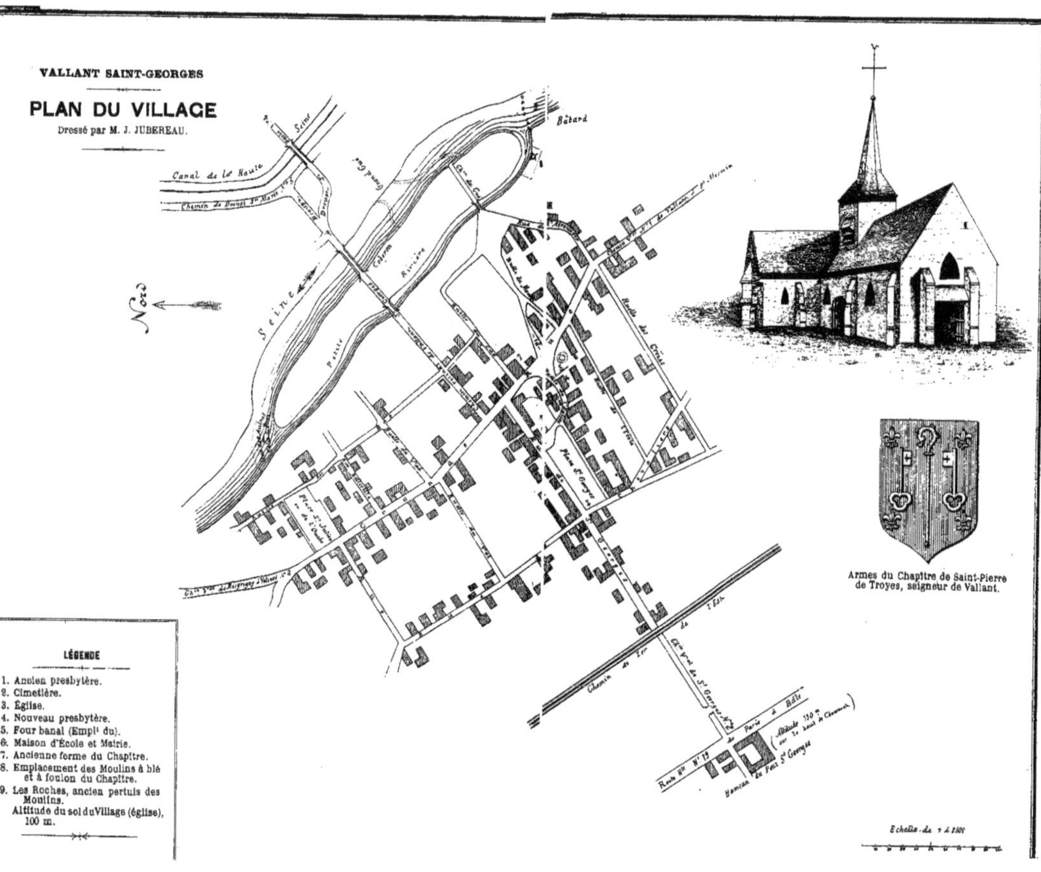

VALLANT SAINT-GEORGES

PLAN DU VILLAGE
Dressé par M. J. JUBEREAU.

Nord

Canal de la Haute
Chemin de Droupt St Marie
Seine
Bâtard

Armes du Chapitre de Saint-Pierre
de Troyes, seigneur de Vallant.

LÉGENDE
1. Ancien presbytère.
2. Cimetière.
3. Église.
4. Nouveau presbytère.
5. Four banal (Emplt du).
6. Maison d'École et Mairie.
7. Ancienne ferme du Chapitre.
8. Emplacement des Moulins à blé
   et à foulon du Chapitre.
9. Les Roches, ancien pertuis des
   Moulins.
   Altitude du sol du Village (église),
   100 m.

Echelle de 1 à 5000

Peracta voluntas faciendi
Pro opere reputatur facti.

Eglise de Vallant. Inscrip. du xvie siècle.

AU LECTEUR

Le goût dominant de notre siècle est de fouiller partout
sans relâche ; aussi, dès que le hasard amène à la surface du
sol quelques fragments de pierres ou de céramiq   dénotant
une antiquité reculée, ces objets sont minutieusement inter-
rogés, et toujours il se rencontre un savant qui, à l'aide de
ces épaves du passé, en reconstitue l'histoire. Les vieux par-
chemins à leur tour nous font connaître les noms de l'ancienne
noblesse, les anciens usages et les faits et gestes de nos aïeux.
On questionne les vieillards pour qu'ils racontent les légendes
récitées dans leur jeunesse ; enfin on réimprime de vieilles
chroniques et d'anciens romans de chevalerie, qui nous relient
au moyen âge tout en charmant nos loisirs.

La chronique d'un village n'est pas, comme on pourrait le
croire, aride et sans attrait. Si l'on n'y rencontre pas ces hauts
faits et ces grands événements qui composent ordinairement
l'histoire d'une ville ou d'une province, elle a du moins le pri-
vilège d'intéresser plus vivement le lecteur en lui faisant connaître le pays qu'il habite, qu'ont habité avant lui ses ancêtres. Aussi n'avons-nous pas hésité à comprendre dans le
cadre de cette notice certains détails qui, parfois surabondants
dans une histoire générale, trouvent ici d'autant mieux leur
place que, se rapportant toujours aux événements accomplis
dans la localité, ils se lient d'une manière plus intime aux
souvenirs du pays.

Le travail que nous offrons est donc le résultat de recherches
longues, patientes, faites avec un scrupuleux amour du sujet,
dans les dépôts publics, notamment aux riches Archives de
l'Aube, parmi les anciens titres de l'église de Saint-Pierre de
Troyes.

Des liens de parenté, de gratitude et d'affection ont donné
pour nous un intérêt de famille au passé d'un modeste village.
Un goût instinctif pour les choses d'autrefois nous a dirigé et

soutenu dans nos recherches. En les publiant, nous n'avons ni d'autres raisons ni d'autres titres.

Nous serons heureux si nous avons pu révéler à des amis du passé plusieurs vestiges qu'ils ignorent. Nous serions plus heureux encore s'il nous était donné, de laisser entrevoir à certaines personnes de loisir le puissant intérêt qui s'attache, malgré le labeur, à l'étude, quelqu'elle soit, du moindre coin de terre natale.

Quant aux habitants de Vallant, nous souhaitons qu'ils éprouvent quelque plaisir à savoir en détail tout ce qu'ont fait, vu ou souffert leurs pères, tout ce que vaut le passé, d'où naît le présent et d'où sort l'avenir. Nous sommes bien sûr qu'en connaissant mieux leur vieux village ils ne pourront que l'aimer davantage.

Ernest CHOULLIER.

Vallant-Saint-Georges, le 5 mai 1878.

VALLANT-SAINT-GEORGES

SAINT–GEORGES–EN–GAONNAY

INTRODUCTION

Epoque gallo-romaine

Recherches sur le lieu de la défaite d'Attila en Champagne. — Les champs
de Méry. — Martyr de saint Mesmin. — Saint-Georges–en-Gaonnay.

Vers le milieu du ve siècle, les Huns venus du fond de
l'Asie, ébranlèrent l'Europe et se précipitèrent sur l'Empire
romain. Ces hideux et féroces cavaliers, qui n'avaient pas
figure humaine, ces bêtes à deux pieds, comme les appelait
Ammien Marcellin, étaient un sujet d'horreur et d'effroi pour
les peuplades qu'ils rencontraient et qu'ils réduisaient par le
meurtre, l'incendie ou la famine.

Attila, leur chef, surnommé le Fléau de Dieu, chassant
devant lui les Goths, les Vandales et les Burgondes, envahit
la Gaule à la tête de nombreuses tribus tartares. Arrêté dans
sa marche et repoussé d'Orléans, par ces mêmes peuples qu'il
poursuivait, le farouche roi des Huns recula pour la première
fois et chercha vers la Seine un vaste champ de bataille où
put facilement manœuvrer sa nombreuse cavalerie.

Les auteurs contemporains, qui écrivaient dans les Gaules,
nous ont laissé la relation de cette bataille : tous sont d'accord
pour en fixer le lieu dans la plaine de Méry, *Mauriacum*.

C'est ainsi que saint Grégoire de Tours rapporte qu'Attila
fuyant, s'étant retiré dans la plaine de Mauriacum se prépara
au combat. *Attilam fugant, qui Mauriacum cumpum adiens,
se præcingit ad bellum* [1].

Saint Anien, évêque d'Orléans, dit que l'armée d'Attila fut
détruite dans un lieu appelé Mauriacus, *in loco qui vocatur
Mauriacus* [2] et la loi Burgande, publiée par le roi Gondebaud,
donne formellement à cette bataille le nom de *Pugna Mauriacensis* [3].

1. *Greg. episc. Turon. Hist. franç.*, II, 7. D. Bouquet, *Hist. gaul. et fr.*,
t. II, p. 162 A.
2. *Act. S. Aniani* (ap. Duchesne, *script. Franc.*, t. I, p. 521).
3. *Lex Burgundiæ*, t. XVII.

Idace et Isidore de Séville disent seulement qu'Aétius et Théodoric combattirent les Huns en rase campagne dans les champs Catalauniens, *campis Catalaunicis* [1] ; mais cette indication vague et indéterminée se trouve complétée par Jornandès qui, désignant l'endroit même de la lutte, explique qu'elle eut lieu dans la partie des champs Catalauniens appelés Champs de Méry, *in campos Catalaunicos qui et Mauricii nominantur* [2].

Frédegher est encore plus précis quand il rapporte que les Huns, lors de leur retraite, vinrent dans le voisinage de Troyes, qu'ils campèrent dans la Champagne Mauriacense et qu'alors se livra la bataille de Mauriacum. *Chuni repedantes Tricassis in Mauricensem consedentes campaniam.... Cum Attilanem et Chunis Mauriaco confligit certamine* [3].

Enfin la chronique récemment découverte à Copenhague. et due au continuateur de Prosper d'Aquitaine, place le lieu de la bataille au cinquième milliaire de la ville de Troyes, dans un lieu nommé Méry en Champagne *Pugnatumque est ·in quinto miliario de Trecas loco nuncupato Maurica in Campania* [4].

Cette nouvelle indication semble être le dernier mot sur une question si controversée et réduire à néant les prétentions qui veulent fixer le lieu de cette bataille aux environs de Châlons-sur-Marne.

Il est d'ailleurs facile de prouver que les *Campi Mauricii* de Jornandès sont le *Campus Mauriacus* de saint Grégoire de Tours, la *Campania Mauriacensis* de Frédegher, plaine qui a donné son nom à la *Pugna Mauriacensis* de la loi Gombette et au *Mauriacum Certamen* de Frédegher et qui tirait évidemment le sien du voisinage du lieu appelé *Mauriacum* dans la légende de saint Anien et par le continuateur de Prosper d'Aquitaine. Ces champs s'étendent à droite et à gauche de la Seine, àla hauteur de Méry, et forment une faible partie d'une vaste plaine qui, après avoir été traversée par la Seine et l'Aube, se poursuit au-delà de Châlons jusque vers les forêts de l'Argonne et constitue la Champagne proprement dite, *Campi Catalaunici*.

Divers historiens, Hadrien de Valois, Joseph de Guignes, Courtalon-Delaistre, et plus récemment M. Amédée Thierry, n'ont pas hésité à placer ce champ de bataille dans la plaine de Méry, *Campania Mauriacensis*. L'abbé Trasse, chanoine de Troyes et ancien curé de Romilly, a cru reconnaître avec Grosley, dans la colline et le ruisseau de Saint-Georges (territoire actuel de Vallant-Saint-Georges), l'éminence et le petit

---

1. *Idat. episc. Gens hunnorum.* — D. Bouquet, t. I, p. 619. — *S. Isid., hist. Goth.*, D. Bouquet, t. II, p. 701.
2. Jornandès, *De rebus gestis*, XII.
3. Frédegher, *Chron.* — D. Bouquet, *Hist. gaul. et fr.*, t. II, p. 462 D.,
4. Prosper d'Aquit, *Chron. continuator*, note éditée par Georges Hille, Berlin 1866,

cours d'eau « ordinairement gonflé par les pluies » indiqués
par Jornandès comme théâtre des deux principaux incidents
de la défaite d'Attila [1].

D'après ces historiens, qui mettent à profit et étudient sur le
terrain la relation des chroniqueurs, la bataille aurait été
livrée sur la rive gauche de la Seine, au sud de Méry, et s'é-
tendait sur quatre lieues de largeur, depuis Savières jusqu'à
Romilly. Aétius commandait l'aile gauche de l'armée gallo-
romaine, placée entre Châtres (en latin *Castrum*, peut-être à
cause du camp de ce général) et la hauteur de Saint-Georges ;
il avait sous ses ordres les Francs de Mérovée et les Burgondes conduits par leur roi Goudiciaire. L'aile droite, com-
mandée par le roi des Visigoths, Théodoric, était portée vers
Orvilliers et s'étendait jusqu'à la hauteur d'Ossey. Au centre,
assez près d'Orvilliers, commandait Sangiban, roi des Alains.

Attila avait sa gauche sur *Brolium* (aujourd'hui Saint-
Mesmin), tandis que sa droite s'appuyait vers les hauteurs
d'Echemines entre le ruisseau de Saint-Georges et le village
de Fontaine-Saint-Georges.

La colline de Saint-Georges, de trente mètres de hauteur
sur environ trois kilomètres d'étendue, séparait les deux
armées composées chacune d'environ cinq cent mille hommes ;
les Huns placés à droite, les Romains à gauche, durent, de
part et d'autre, chercher à s'emparer de ce point important.

Après avoir exhorté ses soldats et fait des sacrifices afin de
se rendre les augures favorables, Attila passa le petit ruisseau
de Saint-Georges et s'avança à grands pas pour se rendre
maître de la colline que les Romains occupaient déjà en
partie.

Au dire de Frédegher, la bataille dura trois jours. Une lutte
horrible s'engagea, chaque homme combattit pied à pied,
corps à corps, avec un acharnement indescriptible ; les cavaliers se heurtèrent avec fureur. Les Visigoths décidèrent la
victoire : ils enfoncèrent les escadrons ennemis ; les Francs,
sous Mérovée, redoublèrent leurs coups. Malgré la présence
de leur chef, les Huns plièrent et furent repoussés en désordre
de l'autre côté du ruisseau.

« Jamais, dit Jornandès, jamais la Gaule n'avait vu s'en-
« trechoquer de pareilles masses, l'antiquité ne raconte rien
« de semblable ; il s'y fit un tel carnage qu'au dire des vieil-
« lards, le petit ruisseau qui coulait à travers le champ de
« bataille roulait le sang à plein bord avec la rapidité d'un
» torrent et offrait à ceux que tourmentait la soif, un breuvage
« mêlé de leur propre sang. »

La nuit seule arrêta la fureur des combattants. Aétius de-
meura sur la colline qu'il avait conquise ; Attila se retira dans

1. Hadrien de Valois, *Hist. des Huns*, livre IV. — Courtalon-Delaistre,
topogr., t. III, folios 222-223 ; — A. Thierry, *Hist d'Attila* ; — Trasse-
Dissert. dans le *Mercure de France*, 1753 ; — Grosley, *Mém. hist. sur
Troyes*, 1764, t. I.

son camp qu'il fit entourer d'un triple rang de chariots. Au matin, le soleil éclaira une scène des plus lugubres : aussi loin que la vue pouvait s'étendre, des monceaux de cadavres jonchaient la plaine. Jornandès assure que « dans cette très- « grande bataille des plus vaillantes nations du monde, il « avait péri de part et d'autre 165,000 hommes sans compter « les morts Francs et les Gépides de la veille. » Idace fixe le nombre des victimes jusqu'à 300,000. Théodoric fut tué dans l'action, au moment où il contribuait puissamment à la victoire : son corps fut retrouvé foulé aux pieds des chevaux. Aétius et les autres chefs guerriers lui rendirent les honneurs suprêmes, et les Visigoths, ses soldats, conduits par son fils Thorismond, célébrèrent ses funérailles par leurs cris de douleur et leurs lugubres chants.

« Il est vraisemblable, dit Grosley, que Théodoric fut enterré à la vue du camp ennemi en signe de triomphe, sur la colline même qu'il avait conquise, dans l'endroit où f t élevé depuis une chapelle sous le nom de Saint-Georges-en-Gaonnay (*Sanctus Georgius in Gannayo*). Saint-Georges est le patron des vainqueurs et le mot *Gaonnay*, tiré de *Gannayo* ou *Gana-gium*, selon Ducange, dérivé de *Guyn* a produit *Ganare*, *Gagnare*, emporter par force, à la pointe de l'épée : *Gancum* signifiait en Gaulois, une pique, un javelot. »

Cette sanglante défaite détermina Attila à quitter le sol de la Gaule.

Quant à l'opinion assez répandue qui fixe à trois lieues de Châlons, à La Cheppe, le lieu de la bataille, elle repose principalement sur l'existence à La Cheppe d'un camp ancien auquel on a donné le nom de *Camp d'Attila*, mais cette conjecture n'est appuyée d'aucun texte, si ce n'est la dénomination de Champs Catalauniens donnée au champ de bataille. Lorsque dans sa session de 1855, à Châlons, le Congrès archéologique de France fit une excursion à La Cheppe, l'avis des antiquaires, à la tête desquels se trouvait M. de Caumont, a été que « ce camp, soit qu'il fut d'origine romaine, soit qu'il « fut plus ancien encore, ne devait pas son origine à Attila [1]. »

Hadrien de Valois, et après lui M. Amédée Thierry, ont pensé que la bataille avait pu être suivie d'une série de combats ayant commencé dans la plaine de Méry, pour se poursuivre de la Seine à la Marne, jusque dans les environs de Châlons. Cette hypothèse est-elle admissible ? Nous n'hésitons pas à dire, avec M. Gustave Lapérouse [2], que cette opinion doit tomber devant le texte précis des chroniqueurs qui, tous en parlant du lieu de la bataille, n'en citent qu'un seul, les *Campi Mauriaci*, que Jornandès désigne comme faisant partie des Champs Catalauniques, *Campi Catalaunici*, qui avaient,

---

1. Congrès archéol., XXIIᵉ session, p. 189 à 198.

2. M. Lapérouse. Etude sur le lieu de la défaite d'Attila. — Mém. de la Soc. acad. de l'Aube, 1862, p. 137.

ajoute-t-il, cent lieues gauloises de longueur sur soixante-dix de largeur (200 kilom. sur 140, c'est-à-dire l'étendue même de la Champagne [1].

On peut d'ailleurs tenir pour certain que si la défaite d'Attila s'était accomplie à proximité de Châlons, Frédegher et le continuateur de Prosper d'Aquitaine n'auraient pas manqué d'indiquer *Duro-Catalaunum*, au lieu de dire, comme ils l'ont fait, que les Huns furent défaits dans le voisinage de Troyes. *Trecassis*, au cinquième milliaire de Troyes, *in quinto miliario de Trecas*.

Bien qu'il paraisse peut-être étrange que le voisinage de la Seine ait échappé aux chroniqueurs, d'ordinaire si exacts et si minutieux dans leurs détails, il est incontestable qu'Attila, se retirant dans les plaines arides de Champagne, dut chercher à se placer à portée d'un cours d'eau indispensable à l'alimentation de sa nombreuse cavalerie, et, d'après les termes qu'emploie saint Grégoire de Tours, *Mauriacum campum adiens*, il semble que le roi des Huns avait choisi à dessein un lieu si favorable à ses projets.

Un fait rapporté par la tradition ne saurait d'ailleurs révoquer en doute la présence d'Attila sur les bords de la Seine, dans la plaine de Méry, c'est le martyre de saint Mesmin et de ses compagnons.

Saint Loup, évêque de Troyes, redoutant la fureur du roi barbare, envoya pour le complimenter, sept clercs de son église, parmi lesquels le prêtre Memorius, les diacres Félix et Sensatus et le sous-diacre Maximianus. Les envoyés du pontife trouvèrent Attila, campé avec toute son armée, à cinq lieues de Troyes et proche Méry, au lieu appelé *Brolium*. Admis en sa présence, ils remplissaient la mission dont ils étaient chargés, lorsque les couleurs brillantes des saints Evangiles effrayèrent le cheval du roi qui se cabra et renversa son cavalier. Attila prit les députés de l'évêque pour des sorciers et les fit mettre à mort, à l'exception d'un seul, Maximianus qui, se cachant dans les saules et les arbrissaux plantés en cet endroit sur les bords de la Seine, réussit à s'échapper et vint rendre compte à son évêque de ce qui s'était passé.

Mémorius, tué par des païens, fut considéré comme martyr, son corps et ceux de ses compagnons, retirés du fleuve, où ils avaient été jetés, furent ensevelis avec solennité. Une chapelle, qui leur servit de tombeau, leur fut consacrée sur le lieu de leur martyre, sous le nom de Saint-Mesmin, *Sanctus Memorius*, nom que porta depuis et que porte encore le village de *Brolium*. Les ruines de cette cha-

---

1. Jornandès. *De rebus gestis* XII. — M. Boutiot, Géographie anc. de l'Aube. — Mém. de la Soc. acad., 1861.

pelle, dite la Chapelatte, forment aujourd'hui un tertre au midi du village sur le chemin de Troyes [1].

La vie de saint Loup vient également corroborer par des documents d'une certaine autorité la version des chroniqueurs. Sur le point de quitter la Gaule, et toujours surveillé à distance par les soldats d'Aétius, Attila arriva devant Troyes ; saint Loup, qui avait tout à craindre d'une armée de gens féroces, accoutumés au meurtre et au pillage, se présenta en personne au roi des Huns. Attila montra cette fois des sentiments plus pacifiques, il épargna la ville à la prière de l'évêque et négocia avec lui pour le passage de ses troupes. L'histoire ajoute même que croyant ce prélat armé d'une puissance surhumaine, il l'emmena avec lui jusqu'aux bords du Rhin et, qu'après avoir traversé le fleuve, il le renvoya respectueusement en se recommandant à ses prières et en le comblant d'honneurs [2].

La légende de saint Loup est encore rapportée par Olahus, historien hongrois, qui, après avoir placé le lieu de la bataille dans les champs Catalauniens ou Mauriciens, *Campum Catalaunicum sive Mauriacum*, que, par erreur, il indique près de Toulouse, *Tholosa*, ajoute qu'après cette mémorable lutte, Attila aurait traversé la ville de Troyes, située sur la Seine, sur les confins du Sénonais et se serait dirigé vers le nord [3].

A part ces faits et ces indications, qui ont bien leur importance, il existe sur le territoire de Vallant, à l'endroit où le ruisseau de Saint-Georges est traversé par la route de Paris à Bâle, à quelques mètres de la ligne ferrée, un monticule factice connu sous le nom de *Montemini*, autrefois environné de fossés qu'abreuvaient les eaux du ruisseau. D'après Grosley et l'abbé Trasse, ce monticule qui a plus de dix mètres de hauteur et environ mille pas de tour, aurait été élevé soit par Attila pour appuyer sa position, soit pour servir de tombeau à l'un des généraux de l'armée romaine devenue maîtresse du champ de bataille. Le sol du Mont-Emini n'a jamais été exploré ; peut-être les fouilles qu'on y pratiquerait conduiraient-elles à d'intéressantes découvertes ?

Diverses contrées du même territoire, les *Champs-Guerriers*, la *Garenne à l'Assaut*, semblent aussi rappeler par leurs dénominations significatives, des souvenirs historiques. « Le « climat des Champs-Guerriers, dit M. Lapérouse, confine à « la hauteur de Saint-Georges où l'on remarque quelques « tranchées ou voies creuses qui, ne paraissant pas nécessi-« tées par les besoins de la viabilité, ne peuvent guère s'ex-« pliquer que dans un but de défense ; on y a trouvé quelques « médailles romaines, notamment à l'effigie de Constantin [4]. »

1. *Passio Beatis Memorii*, Ms. du présid. Bouhier. — Bolland., VII sept.
2. *Acta antiqua S. Lupi* — Bolland., XXIX jub.
3. Olahus, *Hist. d'Attila*, c. IV.
4. M. Lapérouse. Etude déjà citée, Mém. de la Soc. acad. de l'Aube. — p. 193 et suivantes.

Dans les environs, et principalement sur les bords du ruisseau de Saint-Georges, on assure avoir rencontré plus d'une fois des débris humains ; et, en 1863, au lieudit la *Petite Vallière*, on découvrit tout un cimetière gallo-romain : plus de cent vingt squelettes de personnes de tout âge et de tout sexe, mêlés à de nombreux fragments de poteries grises, furent trouvés placés par lignes horizontales et orientés du couchant au levant ; ces explorations ont également révélé la présence en cet endroit de plusieurs excavations de forme presque ovale vraisemblablement faites de main d'homme et parsemées de pierres calcaires, d'os calcinés, de débris d'ustensiles [1].

Disons aussi que le territoire de Vallant était autrefois traversé par une voie romaine qui devait aller de Sens à Reims. Ce chemin, sortant du finage de Saint-Mesmin, contrée des Nouës-Germaines, passait près du ruisseau Saint-Georges, puis traversait la Seine dans la prairie de Vallant au lieudit « la *Culée du Pont* » pour se diriger en ligne droite sur Droupt-Saint-Basle. Des travaux d'empierrement marquent suffisamment l'emplacement de cette voie qui, aujourd'hui en état de culture, a conservé le nom de *Chemin des Romains* [2].

Tous ces vestiges du passé, tous ces souvenirs et ces légendes semblent confirmer la version des chroniqueurs et venir à l'appui de l'hypothèse de l'abbé Trasse et du savant Grosley [3].

1. Mars 1864. — Séance de la Soc. acad. de l'Aube. — Dict. topogr. de l'Aube, p. 47.

2 M. Boutiot. Etude sur les voies rom. du dép. de l'Aube. — Mém. de la Soc. acad., p. 88.

3. Les monuments de l'époque gallo-romaine ne sont d'ailleurs pas rares sur les territoires voisins ; citons entr'autres : la Voie romaine venant de Sens qui traversait la Seine entre Châtres et Méry et l'Aube au-dessus d'Etrelles ; — le camp de Châtres (*Castra*), qui a laissé son nom à la localité ; le carré d'Etrelles (*Straella*), sorte de poste retranché qui domine le village ; — les Temels de Pars ; — la Tombelle d'Eschemines ; — les deux tombelles de Marigny ; — le cimetière de Saint-Mesmin où l'on a découvert « outre 10 à 12 tombes de pierre, une grande quantité d'ossements sans cercueil, entr'autre le squelette d'un guerrier qui avait avec lui son cheval, sa lance et son bouclier » ; — Ceux de Rilly-Ste-Syre, de Méry, St-Oulph. Châtres, Etrelles, Rhèges, Longueville. Bessy, l'Abbaye, Plancy, Viâpres, Charny, primitivement Charnay et peut-être Charnier ; — Pouan, dont le nom latin *Pouantium*, *Potens*, se rapproche de *Putens*, et qui rappelle celui de Campi Putridi (Pourrières) que porte encore le lieu de la défaite des Ci bres par Marius. A Pouan ont été trouvés des bijoux et des armes de l'époque mérovingienne ; armes qui paraissent avoir la même valeur archéologique que celles de Chilpéric.

CHAPITRE PREMIER

Le domaine de Vallant et d'Orvilliers

Le chapitre de Saint-Pierre de Troyes. — Chapelle et village de Saint-Georges-en-Gaonnay. — Invasion des Normans. — Fondation d'une église.

D'après une chronique très-ancienne rapportée par l'abbé Trasse, Aétius ou Clovis aurait donné à saint Loup ou à saint Camélien, évêques de Troyes, le domaine de Vallant et d'Orvilliers en reconnaissance de la victoire remportée sur les barbares. Les chanoines de l'église Saint-Pierre de Troyes, devenus dans la suite seigneurs spirituels et temporels de ces terres, firent construire, à leurs frais, sur la hauteur qui domine la Seine, une chapelle qu'ils dédièrent à saint Georges, patron des vainqueurs et protecteur des guerriers, en l'honneur d'un chef ou général d'armée, peut-être même du roi Théodoric, tué en cet endroit en combattant l'armée d'Attila. Cette chapelle porta dès l'origine le nom de Saint-Georges-en-Gaonnay, nom dont nous avons donné plus haut l'étymologie.[1]

Bien que cette conjecture ne soit appuyée d'aucun texte, il est certain qu'en 481, Clovis, dirigé par les évêques. ayant vaincu le patrice romain Syagrius et s'étant fait chrétien, se fixa dans le pays de ses conquêtes avec ses leudes, ou chefs guerriers, et qu'il récompensa les évêques par des concessions considérables et le partage du pouvoir.

La plupart des terres étaient encore incultes. les chanoines cherchèrent, sans doute, ainsi qu'il était alors dans l'usage du clergé, à agrandir peu à peu leur domaine, en faisant essarter et cultiver par leurs serfs les terres agrestes qui l'entouraient.

Groupés d'abord à Saint-Georges, autour de la chapelle et de la villa des chanoines, les serfs durent augmenter en nombre à mesure que ceux-ci, par la culture, amélioraient et agrandissaient leurs possessions ; quelques uns obtinrent dans la suite, moyennant certaines redevances, des terres qu'après leur travail féodal accompli, ils exploitaient à leur profit ; ils eurent dès lors une condition meilleure et des droits qui apportèrent un premier allègement à leur servitude. Logés dans des cabanes voisines de l'enclos seigneurial, les vilains et les serfs remplacèrent bientôt par des constructions plus solides ces fragiles habitations ; ils s'étendirent même à distance autour de la chapelle où ils formèrent un village qui paraît avoir eu son importance, si l'on en juge par les démolitions et ma-

1. Courtalon, Topograph., t. III, p. 202 et 222. V⁰ Vallant et Orvilliers.

tériaux de toutes sortes que, de nos jours encore, on rencontre épars sur un assez grand espace de terrain.

Vers le IXe siècle, les *Northmans* (hommes du nord), originaires de la Scandinavie, firent en France de fréquentes irruptions; plusieurs fois, ils remontèrent la Seine jusqu'à Troyes, dévastant ou brûlant sur les rives du fleuve les monastères et les villages déjà construits. Il y a tout lieu de croire que le hameau de Saint-Georges, placé sur le passage de ces barbares, dût être en partie ravagé et détruit, et que ceux de ses habitants restés sans asile, descendirent vers la Seine et s'établirent dans le vallon, soit à proximité du moulin féodal, soit à portée des terres dont ils avaient obtenu la concession Réunis en assemblées ou familles, chacune vivant « au même feu, au même sel et au même pain », et travaillant en commun pour l'économie et les besoins du ménage, ils formèrent ainsi de petites associations agricoles dont l'agglomération, toujours favorisée par les seigneurs, donna naissance à un nouveau village qui bientôt abrita tout un peuple de cultivateurs.

Telle dut être l'origine du village de Vallant-Saint-Georges dont le nom paraît tiré de la situation qu'il occupe dans la vallée de la Seine; *Val*, en langue celtique, se dit pour vallon et *Lan*, *Len*, signifient rivière [1].

Dans la suite, ce lieu prit un certain accroissement, Vallant avait une population de vilains ou de manants qui tendait à augmenter de jour en jour. Pour satisfaire à ses obligations de seigneur, le chapitre de Troyes qui, comme nous l'avons dit, avait cédé à cens une partie de son domaine, dut, dès le XIIe siècle, donner une église à cette association d'habitants. En construisant cette église, qui fut placée sous le vocable de saint Julien, les chanoines créèrent une paroisse et une cure, qu'ils dotèrent de biens et de dîmes et dont ils se réservèrent la collation, droit qui leur fut confirmé en 1184 par une charte de l'évêque Manassès II..... *Prœterea concessimus prœsentationes presbyterorum in ecclesia d'Orvillers et ecclesia de Vallant* [2].

---

1. C'est à tort et par erreur que M. d'Arbois de Jubainville, Pouillé du diocèse de Troyes en 1407, n° 181, note; — M. Hariot, Rech. sur le canton de Méry, p. 452; — MM. Boutiot et Socard, Topogr. de l'Aube, p. 172, — indiquent Vallant comme cité en 884, dans un diplôme de Carloman pour l'abbaye de Saint-Germain d'Auxerre. Il s'agit dans cette charte non de *Vallant-Saint-Georges* mais bien de *Valian*, aujourd'hui commune du canton d'Auxerre. En effet, ce *Valens* se retrouve encore dans d'autres chartes de 853 et toujours, comme en 884, intercallé au milieu de villages du pays Auxerrois; *Aucept*, *Riot*, *Orgy*, Pouligny et autres propriétés de Saint-Germain. L'abbaye possède dans ces mêmes chartes des biens dans le *pagus* de Troyes, mais Vallant n'y est jamais compris. Il n'existe d'ailleurs aucune trace de Vallant-Saint-Georges dans le fonds de Saint-Germain d'Auxerre aux archives de l'Yonne. — D. Bouquet, VIII, 592. — Cartul. général de l'Yonne, I, 66. — Lettre de M. Quantin; archiv. de l'Yonne du 30 juillet 1876.

2. Desguerrois. La Saincteté chrétienne, ch. II, p. 311.

CHAPITRE DEUXIÈME

La Féodalité

Les vilains et les serfs. — Affranchissements de serfs. — Acquisitions de
terres par des bourgeois de Troyes. — La taille des hommes et femmes
de corps à Vallant.

Dès le IXe siècle, c'est-à-dire lors du complet établissement
du régime féodal, l'immense majorité de la population était
réduite à cet esclavage mitigé qui constitue le servage dans les
temps modernes. Suivant les auteurs, plusieurs causes ont
donné naissance au servage ; tantôt c'est la conquête qui a
rendu les populations vaincues esclaves du peuple vainqueur ;
tantôt ce sont les puissants, qui, dans les temps de violençe ou
d'anarchie, ont asservi, contre tout droit, les faibles sans dis-
tinction de race. Dans ces siècles de barbarie on vit même des
hommes libres se constituer serfs volontairement afin de trouver au moins dans le maître qu'ils se donnaient, un protecteur
intéressé à défendre leur vie et leurs biens. Parmi ces serfs,
la plupart se donnaient à l'église, car le régime du clergé était
généralement plus doux que celui des seigneurs laïques. Enfin
on devenait quelquefois serf par le seul fait de l'habitation
pendant un certain temps sur certains domaines.

Au Moyen-Age, le trait caractéristique et essentiel du servage, c'était l'incapacité d'être propriétaire. Ainsi le serf ne
pouvait posséder rien qui put lui appartenir. Il détenait et tra-
vaillait pour le maître ; il faisait en quelque sorte partie du sol
qu'il cultivait, était donné, vendu ou échangé avec la terre
seigneuriale elle-même, et dans les transactions on rencontre
souvent, même à la fin du XIIIe siècle, des formules de ce
genre : « *Je cède tout ce que je possède en ce lieu, en hommes,
femmes, terres, prés, rentes, etc.* » Dans les temps malheu-
reusement trop fréquents où les serfs appartenaient à un maître barbare et cruel, ils étaient exposés aux outrages les plus
odieux et à toutes sortes de mauvais traitements. Ainsi, par
exemple, Beaumanoir, qui écrivait à la fin du XIIIe siècle, dit
que dans certains pays, le Seigneur pouvait prendre à ses serfs
tout ce qu'ils avaient, et même les tenir en prison, *à mort ou
à la vie, à tort ou à droit, qu'il n'en était tenu à répondre fors
à Dieu.*

Rien n'atteste mieux le caractère despotique de notre droit
féodal et ne dépose plus énergiquement de la puissance abso-
lue des seigneurs que la formule suivante indiquée par M.
Michelet :

*Le seigneur enferme les manans, sous portes et gonds, du ciel
à la terre, il est seigneur dans tout le ressort, sur tête et cou,*

vent et prairie ; tout est à lui, forêt chenue, oiseau dans l'air, poisson dans l'eau, bête au buisson, cloche qui roule, onde qui coule [1].

Le serf ne pouvant acquérir ni posséder, ne pouvait par la même raison, succéder ou tester, mais, comme nous le verrons, il exista de bonne heure sous ce rapport de nombreuses exceptions. Cependant, même aux époques où le servage fut adouci, les biens du serf mort sans enfants légitimes ou sans avoir fait de testament étaient généralement dévolus au seigneur en vertu du droit de *mortaille*.

La plupart des habitants de Vallant paraissent avoir été serfs au XIIe siècle ; mais à cette époque, ils étaient déjà divisés en deux classes bien distinctes : les hommes libres : *liberi homines*, et les hommes de corps, *homines de corpore*.

Les hommes libres n'étaient soumis à des redevances serviles que parcequ'ils possédaient des terres de nature servile, comme ils n'étaient point serfs de corps, ils étaient exempts du *droit de suite*, c'est-à-dire qu'ils pouvaient transporter leur résidence hors de la seigneurie en renonçant à leurs possessions qui revenaient au seigneur par *droit de mainmorte*.

Les hommes de corps, au contraire, *taillables et corvéables à merci*, attachés à la glèbe, étaient en même temps *hommes de poursuites*, ne pouvant s'éloigner de la terre seigneuriale sans le congé du seigneur. Ils n'avaient la faculté de se marier qu'avec une femme de leur condition et les enfants qui naissaient de ce mariage appartenaient au seigneur par *droit de formariage*. Parfois le seigneur permettait à son serf d'aller résider en dehors de la seigneurie moyennant le paiement d'une taxe dite de *forfuyance*, c'est ainsi que nous trouverons à Vallant, outre les serfs du chapitre de Troyes, des serfs de l'évèque, d'abbayes, de seigneurs laïques et même du roi de France.

Ces divers droits relatifs au servage soulevaient parfois entre seigneurs de graves contestations ; de là ces revendications, reconnaissances et partages de serfs qu'on rencontre si fréquemment dans les chartes du Moyen-Age.

En 1151, Henri-le-Libéral, comte de Champagne, constate qu'en présence de son père, le comte Thibaut II, les fils d'Ansau de Traînel ont renoncé, moyennant cent trente livres, aux droits de formariage et de mainmorte que prétendait leur père sur les hommes et femmes du chapitre à Orvilliers, à Saint-Georges et à Vallant, *apud Aureum Villare et Sanctum Georgium et apud Valent* [2]. Cet accord est encore confirmé par une bulle du pape Eugène III, datée de Latran du 31 décembre 1152, qui reconnait au chapitre de St-Pierre la possession

1. Michelet. Origines du droit français.
2. Arch. de l'Aube, fs. de St-Pierre de Troyes. G. 3,107.

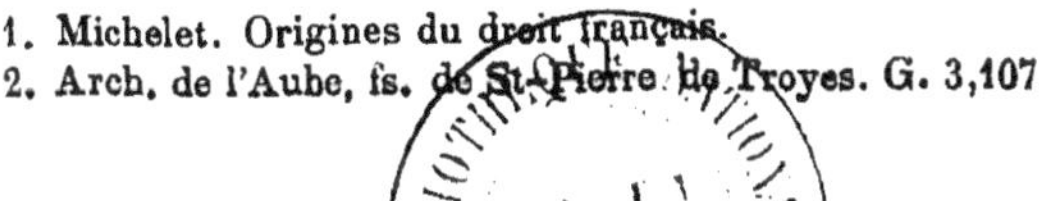

« des seigneuries, églises et dimes de Vallant, St-Georges et Orvilliers et du moulin de Vallant [1]. »

Une charte du même prince, du 18 avril 1161, confirme aussi à l'abbaye de St-Loup de Troyes la possession d'hommes à Vallant, *eisdem concessi pro hominibus quos in villis Valant, Magrinei, possederant* [2].

Dans l'année 1204, *Henri de Chennegy (de Chinigiaco)*, seigneur de St-Mesmin et de Fontaine-St-Georges, revendiquait à son tour certains droits de justice, de voirie et autres coutumes sur les villages d'Orvilliers, Vallant et St-Georges et leurs habitants ; il soutenait que le chapitre n'avait possédé longtemps ces droits que par pure concession et moyennant paiement, à lui et à ses prédécesseurs, d'une rente de douze boisseaux d'avoine par an. Le chapitre résista et, après bien des pourparlers, les parties convinrent de s'en rapporter à l'arbitrage de la comtesse Blanche de Navarre, de l'abbé de Pontigny, du chancelier Gauthier et de l'archidiacre Milon de Troyes.

Le jugement des arbitres, accepté de part et d'autre, *Henri de Chennegy*, du consentement de sa femme *Verderia*, abandonna, moyennant quatre-vingt-dix livres de Provins, que lui paya le chapitre, ses droits sur « *Orvilers, Valanz et Sancto-Georgio*, » à l'exception toutefois d'un fief que tenait de lui *Gui Gastebled* [3] et de certains hommes qui néanmoins continuèrent à demeurer sous la justice et sauvegarde du chapitre. La rente d'avoine fut réduite à six boisseaux que les chanoines durent porter chaque année à l'octave de la St-Remy, à sa maison de St-Mesmin « avec un juste bichet troyen pour les mesurer justement et légitimement. » Il fut convenu en outre, qu'à défaut de cette livraison, Henri aurait la faculté d'aller les prendre lui-même à Vallant [4].

Nous avons dit que le régime du clergé était généralement plus doux que celui des seigneurs ; nous en trouvons la preuve dans les actes du chapitre de Troyes. En 1194, le grand mouvement communal, qui s'accentuait de plus en plus, avait amené les chanoines de St-Pierre à décréter l'affranchissement des personnes serves existant dans la banlieue du chapitre « afin qu'elles pussent être libres à jamais, et que leurs biens, terres, possessions, maisons, pussent tomber à leurs héritiers sans empêchement. »

Vallant, placé en dehors de cette banlieue profita-t-il directement de ce bienfait ? — Rien ne le démontre ; sans doute ses

---

1. Arch. de l'Aube, fs. de St-Pierre de Troyes. G. 2,603.
2. Arch. de l'Aube, cartulaire de St-Loup.
3. Peut-être s'agit-il de Courlanges (com. de St-Mesmin) ? Gui Gastebled, chevalier, devait au comte de Champagne, six semaines de garde pour chacun de ses deux fiefs, situés dans la chatellenie de Bray. Livre des Vassaux de Champagne, n° 520.
4. Bibl. Nation., anc. fs. latin, 5,993 A, dit Liber Pontificum f. 420, v. 421 r°. — Copie de ce cartulaire dans la coll. de Colbert, vol. 61, f. 115.

habitants, dont le sort avait été considérablement adouci, restèrent, comme par le passé, taillables et de main-morte, mais sous l'administration tolérable, prudente, économe et presque paternelle du chapitre qu'aucun aiguillon puissant ne les poussait à secouer. Les hommes libres, sous le nom de vilains ou de mainmortables jouissaient déjà d'une certaine indépendance. Ils avaient reçus des terres en concession perpétuelle à la seule condition d'en payer le prix, c'est-à-dire d'acquitter envers les seigneurs les droits de dîmes, corvées, banalités et autres servitudes pécuniaires; à raison de ces charges annuelles, ils disposaient de leurs biens qu'ils transmettaient en ligne directe à leurs enfants, mais ils ne pouvaient les vendre ni les aliéner sans le consentement du chapitre qui les avait concédés.

Ainsi, en 1217, Giroud, curé de Vallant, *Giroudus presbyter de Valant*, qui possédait des biens de main-morte, voulant donner à l'hospice St-Nicolas de Troyes, une maison située dans le cimetière de Vallant, *in cimiterio ville de Valant*, et d'autres immeubles, tant de son patrimoine qu'acquis par lui-même, dut obtenir l'autorisation du chapitre qui déclara que le prieur de St-Nicolas ne pourrait aliéner cette maison sans le consentement du chapitre et que si l'hospice acquérait quelque immeuble à Vallant, il serait obligé de le vendre dans l'an et jour à quelqu'un des habitants du lieu qui étaient serfs du chapitre, enfin que ces habitants ne pourraient se faire recevoir religieux de St-Nicolas sans l'approbation du chapitre.

Les serfs ne pouvaient, en effet, entrer en religion ni devenir clercs sans la permission du seigneur et, en mars 1219, il fallut cette autorisation à André le Comte « *de Valans* » et à sa femme, pour donner leurs biens à l'hospice St-Nicolas de Troyes et y entrer comme convers[1].

Au commencement du siècle suivant, Vallant et Orvilliers formèrent définitivement deux paroisses et deux seigneuries distinctes, ayant chacune son église et son administration particulière, mais les pâtures situées sur la rive droite de la Seine demeurèrent indivises entre les deux communautés.

De ce moment date pour notre pays le commencement d'une ère nouvelle de prospérité et de progrès. Les manants, sobres et laborieux, ont pu, à force de travail et d'économie, acquérir des terres et même leur liberté. Les comptes du chapitre pour les années 1357 et 1358 font mention des droits payés par les mainmortables de Vallant pour obtenir leur affranchissement[2]. Chaque année les biens des mainmortables décédés revenant de droit au chapitre, sont aliénés au profit des habitants qui trouvent ainsi le moyen d'augmenter leurs possessions : le compte de la grand'chambre du chapitre rendu en 1380, par

1. Arch. de l'Aube, fs. de St-Nicolas de Troyes. Orig. layette, 31. — M. d'Arbois de Jubainville. Arch. des Petits Hôpitaux de Troyes, mém. de la Soc. Acad. de l'Aube, 1857.
2. Arch. de l'Aube, fs. de St-Pierre, G. 1,911.

Simon d'Origny, prêtre, curé de Vallant, constate que la vente « *d'échoites* » a produit cette année, pour cinq mois, de la St-Pierre à la St-André, 250 livres 15 sous, dont le comptable a touché 66 livres, 7 sous, 6 deniers [1].

Ces affranchis paraissent avoir pu disposer à leur gré de leurs biens et même les céder à des personnes étrangères qui devinrent à leur place redevables des droits dûs au chapitre. En 1360, *Jehan Valans*, cède à Jehan de Rougemont, une pièce de cinq *denrées* de terre, lieudit *au Cuchot*, moyennant *cinq royaux d'or* ; Colas Lacelinat cède au même : 1° une maison, grange, pourpris et accins, au finage de Vallant, lieudit la voie de St-Georges ; 2° une « *parisis de Courtil* » semée de seigle, audit lieu, moyennant *vingt-six royaux d'or*, et le dimanche des Rameaux de la même année, Mathieu Lhuillier, fait vente à Pierre Houzelot de deux arpents de terre *au Vau de Courlanges*, moyennant *quatre florins d'or*. Ce même Pierre Houzelot tenait déjà à Vallant des terres qu'il avait acquises de Linard, par contrat du 21 février précédent [2]. D'autres aliénations sont faites encore dans la même année, notamment au profit dudit Jehan de Rougemont qui, à lui seul, ne réalisa pas moins de seize contrats.

Nous trouvons dans un registre du chapitre dressé en 1361, les détails d'un arrangement conclu entre les seigneurs censiers et plusieurs bourgeois de Troyes qui s'étaient rendus acquéreurs de divers biens concédés précédemment aux hommes de Vallant et d'Orvilliers :

« *C'est le compte ou estat des noviaux acquès faiz par pluseurs bourjois de Troyes, en l'an CCCLXI, ès villes de Valans-Sainct-Jorge et Orvillers, c'est assavoir par Pierre Berthelot, Oudinaut Naudot, Pierre Houselaut, Pierre de Dampmartin, Jehan de Lespine, Guillaume le Roger et Jehan de Rougemont, lesqnieux bourjois transportèrent yceux acquès on dit an en Mess. Doyan et Chapitre de Troyes; pour ce qu'ils avoient faiz yceux acquès sur les hommes et fames des diz Doyan et Chapitre. Et fu faiz cest present compte ou estal pour XV ans commencent l'an LXI et finissent à la Sainct-Pierre et Sainct-Pol l'an CCCLXXVIII le XXIX jour dou mois de Ottobre* [3]. »

D'après ce compte. il était dû aux chanoines pour quinze ans, 28 muids, 1 bichet de froment ; 17 muids, 5 bichets, 1 picotin ont été payés et il restait dû 10 muids, 7 boisseaux, 3 picotins [4].

<hr>

1. Arch. de l'Aube, fs. de St-Pierre, G. 1,824. On appelait *Echoites*, la succession des serfs mainmortables.

2. Arch. de l'Aube, fs. de St-Pierre, G. 1,247.

3. Arch. de l'Aube, fs. de St-Pierre, G. 1,489.

4. Un arrêt du Parlement du 3 février 1348, porte homologation d'une transaction faite entre le sieur des Noyers, écuyer, bouteiller du Roi et les habitants de St-Georges et d'Orvilliers touchant les arrérages d'une rente de trois muids d'avoine que ceux-ci n'avaient pu payer ; pour mettre fin à

Mais si certains habitants avaient pu, à prix d'argent, obtenir leur liberté, d'autres restaient et devaient rester encore longtemps à l'état de servage.

Par acte du 9 février 1354, devant Pierre Potage et Jehan Ployard, clercs jurés de la ville de Troyes, Henri et Giles Simonnot, demeurant à Vallant, reconnaissent et avouent qu'ils sont hommes pour le tout de MM. du chapitre de St-Pierre, taillables et de main-morte, tant pour eux que pour leurs successeurs, quelque femme qu'ils puissent prendre ; ils promettent en outre de ne reconnaître d'autres seigneurs et de faire tout ce qu'un homme de corps est dans le cas de faire envers son seigneur[1].

Une partie des habitants de Vallant payaient la taille à l'évêque ; certaines terres lui devaient aussi une coutume d'avoine. On lit dans le compte du receveur de l'évêché de Troyes pour l'année 1413-1414 : « *Des coustumes d'avènes dehues chascun an à Valens, le jour de Sainct-Remy, sur une osche que tient Linard Tabourel, avène... IIII bichetz*[2]. »

Dans les années 1458 et 1461, le roi de France et l'évêque de Troyes firent le partage des hommes et femmes de corps qu'ils possédaient à Vallant. Charles VII commit Jean le Roy pour faire ce partage, et décida, par lettres patentes, qu'il aurait droit d'agir à Vallant malgré l'opposition du lieutenant du bailly de Sens qui prétendait que ce village dépendait de sa juridiction. En 1497, l'évêque comptait « *dans l'étendue de la mairie de Vallant,* » 36 individus, « *habitant Vallant et autres communes,* » 30 seulement en 1503, 13 en 1508, le rôle de 1515 n'en fait plus mention[3].

En 1291, le rôle des tailles imposées sur les hommes et femmes de corps de la mairie de Vallant appartenant au chapitre est de 71 sous 4 deniers. Dans l'année 1381-1383, les tailles des cinq mairies de Vallant, Orvilliers, Ste-Syre, les Noës et Echenilly, ne produisaient plus ensemble aux chanoines que 140 livres 4 sous[4]. De 1419 à 1426 et de 1429 à 1431, les tailles ne purent être levées à Vallant par suite de la guerre. Elles recommencèrent à être perçues en 1432 ; à la fin des années 1433, 1435, elles s'élevaient à 57 sous 4 deniers. Depuis elles allèrent décroissant jusqu'à l'année 1448 où elles ne valurent que 27 sous 6 deniers. Dans le compte de l'année 1456-1457, on retrouve à peu de chose près, le chiffre des années 1433, 1435.

En 1426 il y avait à Vallant 38 taillables dont 6 exempts du droit, et à Saint-Georges, 23 taillables dont 2 exempts[5].

la contestation ils se sont obligés à payer audit sieur des Noyers 200 livres tournois à la Chandeleur et à la St-Jean-Baptiste suivant, pour le rachat et amortissement de cette rente. (Arch. de l'Aube, G. 3,111).

1. Arch. de l'Aube, fs. de St-Pierre, G. 1,247
2. Arch. de l'Aube, comptes du receveur de l'évêché, G. 481, f. 57, v.
3. Arch. de l'Aube, comptes du receveur de l'évêché, G. 480, 481 et suivants.
4. Arch. de l'Aube, fs. de St-Pierre, G. 1,975.
5. Arch. de l'Aube, fs. de St-Pierre, G. 1,980.

CHAPITRE TROISIÈME

La Mairie de Vallant

Revenus des Chanoines-Seigneurs au xive siècle.

A l'exemple de Thibaut IV, comte de Champagne et roi de Navarre, qui avait déjà érigé en mairies plus de cent villages du baillage de Troyes, les chanoines divisèrent leurs possessions en huit mairies, celles de Corbeil, Trouan, les Chapelles, Sainte-Syre, Vallant, Orvilliers, les Noës et Echenilly.

Dans chacune de ces mairies, les vénérables doyen et chapitre de l'église Saint-Pierre de Troyes, se réservèrent le droit de choisir et de nommer un maire, chargé de soutenir leurs intérêts. Outre le maire, plusieurs autres officiers y étaient attachés, tels qu'un célérier, chargé du cellier ; un censier, qui percevait les droits de cens ; un mainmortier, qui recevait les mortemains.

Le maire de Vallant jouissait de prérogatives honorifiques et rétribuées, aussi cette charge devint elle vénale et fut-elle affermée par les seigneurs. Ce maire n'était, à vrai dire, qu'un simple officier seigneurial chargé de la perception des droits et de l'administration de la justice et de la police, c'est-à-dire de surveiller et de contenir l'assemblée des habitants.

Voici, d'après l'inventaire méthodique des titres du chapitre, une liste des maires de Vallant avec la date des baux qui les mettent en possession de cette charge :

12 juillet 1313. — Colin le Fèvre.
30 mai 1394. — Simon Lequeniat.
15 juillet 1418. — Jehan Loyant dit Seguin.
19 août 1424. — Jehan le Sçachat dit Malat.
1er juillet 1533. — Jehan Auger dit Roux.
12 juin 1540. — Jehan Prud'homme.
9 juin 1543. — Jehan Billout.
11 juin 1552. — Jehan Famalat.
5 mai 1564. — Nicolas Costot.
18 juin 1569. — Jehan Villat et consorts.
20 avril 1570. — Nicolas Collotte.
3 juillet 1585. — Alexis Audouard et consorts.
15 janvier 1603. — Jean Soubtil.
6 mai 1609. — Flamy Gillet et consorts [1].

Cette liste est loin d'être complète. Ainsi, en 1358 « *le samedi après la feste de St-Mathieu,* » *Collinet Doisot,* d'Orvilliers, obtient du baillage de Sens, une commission qui le maintient en possession du bail de la mairie de Vallant, que lui avaient fait **MM.** du chapitre. En 1364, le 28 août, nous

1. Arch. de l'Aube, fs. de St-Pierre, G. 1,247

retrouvous ce même maire payant l'amende pour avoir battu un de ses administrés alors en prison [1].

Enfin, en 1380, *Jacques Domino le Viel* obtient la remise d'une partie des fermages de la mairie à cause des Anglais qui brûlèrent le pays [2].

Il résulte d'un état dressé en 1398, et conservé aux archives de l'Aube, que les huit mairies du chapitre étaient alors louées pour cinq ans 221 livres, et que sur cette somme, payable annuellement, chacun des chanoines devait toucher 100 sous, soit 245 francs de notre monnaie actuelle [3].

La perception des revenus était confiée à un officier comptable qui était chargé de la recette et de la dépense et qu'on appelait *Chambrier* ; l'ensemble des revenus confiés à cet officier s'appelait *Chambre*.

Le revenu fixe des chanoines ou gros fruits proprement dits, était reçu par eux, partie en argent, partie en grains.

D'après le même état de 1398, les *chambres particulières* de Vallant, d'Orvilliers, de Ste-Syre, des Chapelles, de Corbeil, de Trouan et des Noës, qui fournissaient les grains, devaient pendant ces cinq ans, rapporter chaque année, au total : 7 muids, 10 setiers, mine de froment, 17 muids, 8 setiers de seigle et 73 muids 6 setiers d'avoine, soit pour chaque chanoine 2 setiers de froment, 5 de seigle, 22 d'avoine.

Le pouvoir de l'argent était alors sextuple de ce qu'il est de nos jours ; ainsi la valeur de la livre à cette époque doit s'exprimer au xixe siècle par 48 francs 85 cent. ou environ 49 francs ; celle du sou par 2 francs 44 cent. ; celle du denier par 20 centimes.

La valeur moyenne du setier de froment pendant les dernières années du xive siècle, fut d'environ 21 sous, ce qui fait les deux setiers à 42 sous, ou 102 francs 10 cent. ; celle du setier de seigle, 15 sous, ce qui fait les cinq setiers à 3 livres 15 sous, ou 183 francs 75 cent. ; celle du setier d'avoine de 9 sous, ce qui fait les vingt-deux setiers à 9 livres 18 sous, ou 485 francs 10 centimes.

Le total des revenus en grains atteignait donc pour chaque prébende environ 15 livres 15 sous, ou 771 francs 75 cent. de notre monnaie ; en y ajoutant les 5 livres d'argent, on trouvera que les gros fruits d'une prébende valaient à la cathédrale de Troyes, vers la fin du xive siècle, 20 livres 15 sous, ou 1,016 francs 75 centimes. Les comptes de cette époque évaluent ces mêmes gros fruits en nombre rond à 20 livres [4].

---

1. Arch. de l'Aube, fs. de St-Pierre, G. 1273.
2. Arch. de l'Aube, fs. de St-Pierre, G. 1,975.
3. En 1381, elles produisaient ensemble 236 livres 5 sous.
4. Arch. de l'Aube, fs. de St-Pierre. — M. d'Arbois de Jubainville. — Pouillé du dioc. de Troyes de 1407. — Introduction p. 44-45.

CHAPITRE QUATRIÈME

Vallant pendant la guerre de Cent-Ans et les troubles civils du XVᵉ siècle

L'armée anglaise à Vallant. — Incendie du village. — Pillages et déprédations des gens d'armes.

Au quatorzième siècle les prétentions d'Edouard III d'Angleterre à la couronne de France amenèrent entre les deux royaumes cette longue et sanglante guerre dite de *Cent-Ans* qui, commencée en 1336, ne devait finir qu'en 1453.

Comme tous les villages de la vallée de la Seine, Vallant eut beaucoup à souffrir de l'invasion anglaise ; placé dans le voisinage de Méry, il subit probablement l'influence des événements stratégiques qui amenèrent la destruction de cette petite ville.

Le roi de Navarre, Charles-le-Mauvais, arrière petit-fils de la comtesse Jeanne de Champagne, dont il convoitait l'héritage prit parti pour les Anglais. En 1359, ses troupes jointes à celles d'Eustache d'Aubrecicourt, occupaient les châteaux de Pont, Arcis, Plancy et Méry, d'où elles se répandaient dans les campagnes voisines qu'elles ravageaient sans trêve ni merci.

Troyes avait alors pour capitaine son vaillant évêque, Messire *Henri de Poitiers* qui, au dire de Froissard « *fut un bon guerroyeur et entreprenant durement.* » Ce bouillant prélat, qui coiffait tour à tour, avec la même facilité, la mître ou le bassinet, résolut de mettre un terme à l'insolence de ces envahisseurs. Il rassembla la noblesse de Champagne et, avec l'aide du lorrain *Brokars de Fenestrange* « *appert et hardi chevalier,* » il disposa bientôt de plus de 2,000 combattants avec lesquels il défit les Anglais dans les vignes près de Nogent-sur-Seine. La victoire fut complète : Aubrecicourt fait prisonnier, ses soldats tués, pris ou dispersés, le pays fut pour un instant délivré de leurs brigandages.

La paix conclue en 1360 ne fut pas de longue durée ; les hostilités reprirent en 1368.

Le 13 septembre 1373, une armée formidable, sous les ordres du duc de Lancastre, arrivait devant Troyes. La forteresse de Méry, que venait de relever Charles V, exposait les villages voisins aux ravages et aux pillages des gens d'armes ; aussi les habitants de Vallant, d'Orvilliers et de Ste-Syre cherchèrent-ils à se préserver des maux de la guerre, en demandant l'autorisation de s'enfermer de murailles, mais l'ennemi ne leur en laissa pas le temps ; Vallant, Orvilliers et Ste-Syre furent ruinés [1].

1. Courtalon-Delaistre. Topogr. du dioc. de Troyes, T. I, p. 77.

Sept ans plus tard, en 1380, à peine remis de ses désastres, notre pays eut encore à subir les horreurs d'une nouvelle invasion.

Débarqué à Calais, à la tête de 30,000 hommes d'armes, le duc de Buckingham, frère du roi d'Angleterre, chevauchait à travers la Picardie et la Champagne dans la direction de Troyes où se tenait alors « *une partie de la fleur de lys et de la chevalerie de France.* »

Au mois d'août (vers le 20), après avoir traversé l'Aube à Plancy, l'armée anglaise s'arrêta à Vallant pour y prendre gite. Le pauvre village était abandonné ; il n'était pas besoin d'une aussi formidable agression pour jeter l'effroi parmi ses habitants qui, délaissant leurs maisons, leurs bestiaux et tout ce qu'ils possédaient, s'étaient enfuis à la hâte dans toutes les directions.

Les Anglais se logèrent en face Vallant, sur la rive droite de la Seine ; leurs tentes couvrirent le sol et changèrent la campagne environnante en un immense camp. Les chevaux parqués dans les pâtures nous ont laissé un souvenir de ces tristes temps, car on ne peut raisonnablement rapporter qu'à l'occupation anglaise, la présence de ces petits fers, dits dans le pays « *fers de mulets,* » qu'on retrouve encore si fréquemment dans les prairies qui bordent la Seine. La rivière guéable en deux endroits, ne défendait guère le malheureux village qui resta ainsi à la merci des envahisseurs. Buckingham s'y établit avec les seigneurs de sa suite et c'est, dit-on, de ce point qu'il arrêta ses dernières dispositions pour attaquer Troyes.

Quand, le lendemain, les troupes ennemies, ayant passé la Seine, quittèrent le pays, Vallant n'offrait plus qu'un monceau de cendres et de décombres et son finage était entièrement dévasté ainsi que ceux voisins d'Orvilliers, Origny, Châtres, Mesgrigny et St-Mesmin [1].

« L'ost anglois, dit Froissard, s'étant logé à Valant-sur-
« Seine, le lendemain ils passèrent à gué la rivière de Seyne
« et vindrent à un village qu'on appelle Bernard-St-Simple
« (Barberey-Saint-Sulpice) et là eurent les seigneurs-capitai-
« nes grans conseils ensemble... [2]. » Troyes entourée de bonnes murailles et garnie de nombreuses troupes que fortifiaient encore la présence des princes Philippe-le-Hardi, duc de Bourgogne, le duc de Bourbon, le duc de Bar, le comte d'Eu, de l'amiral Jean-de-Vienne, et de plus de 2,000 chevaliers Français et Bourguignons, sut imposer à l'armée anglaise qui, après avoir essuyé une simple escarmouche près d'une des portes de la ville, se replia du côté de Sens.

1. Courtalon-Delaistre, Topogr. du dioc. de Troyes, t. I. p. 78. — Boutiot, hist. de Troyes et de la Champ. Mᵉ T. II, p. 258-263.

2. Froissart. Chron. *Ost.* armée. On disait l'ost du roi pour l'armée du roi.

Cette fois Vallant eut peine à se relever de ses ruines. Les habitants, incendiés et pillés, restaient pour la plupart sans asile ; leurs bestiaux, lâchés dans la campagne, avaient causé peut-être autant de mal que les ennemis mêmes, puis, poursuivis et égorgés, ils avaient servi à la nourriture des gens d'armes. La mairie du lieu était alors « *admoisonnée* » à Jacques Domino-le-Viel, moyennant 56 livres tournois par an, laquelle somme, « *pour cause des Anglois qui boutèrent le feu en la ville de Valens, l'esté* CCCIIIIxx, *fut ramenée par Messeigneurs pour un an tant seulement à la somme de XX l. t.* [1] »

Avec l'aide des seigneurs, le village fut rebâti et les chemins rétablis ; les comptes du receveur du chapitre, pour l'année 1388, constatent la « *despence faicte pour remettre en estat les chaucey de Valens* [2]. » Le courage revint aux laboureurs ; les champs remis en culture, de nouvelles récoltes réparèrent en partie les maux de la guerre. Mais cette épreuve n'était pour ainsi dire que le prélude de longs et douloureux événements qui devaient dans la suite se succéder sans relâche. Après un moment de tranquillité qu'il employa utilement à réparer ses pertes, Vallant devait encore, pendant près d'un demi-siècle, se ressentir des luttes opiniâtres, presque continuelles des troupes royales contre les Anglais réunis aux Bourguignons.

Charles V étant mort à Vincennes épuisé par l'âge et les soucis d'un règne laborieux, les hostilités continuèrent sous Charles VI, son successeur. Ce prince montra d'abord as ez d'activité ; pour faire face aux frais de guerre, il établit une contribution qui, sous le nom d'*aide* fut imposée aux nobles et aux gens d'église. Dans le compte de l'aide envoyé au roi par le clergé du diocèse pour l'année 1381, le curé de Vallant est imposé à XX sous, somme représentant environ 49 francs de notre monnaie actuelle [3].

Mais bientôt ce pauvre roi, atteint de folie, devait laisser tomber aux mains de l'étranger cette couronne que son père avait eu tant de peine à maintenir. Après la funeste bataille d'Azincourt, le honteux traité de Troyes, (21 mai 1420) livra la France à Henri V et en fit, en quelque sorte une province anglaise. La cour résida à Troyes, le Parlement y fut transféré. Les Anglais et les Bourguignons, leurs alliés, occupèrent en maîtres les villages de la Champagne qu'ils épuisèrent au moyen de lourdes contributions. Pendant de longues années, Vallant eut à supporter les misères et les vexations de l'occupation étrangère. Le découragement s'empara des travailleurs sans cesse exposés à la brutalité d'une soldatesque effrénée ; le bétail enlevé, les récoltes pillées, ayant à peine le nécessaire

1. Arch. de l'Aube, fs. de St-Pierre, G. 1,975.
2. Arch. de l'Aube, fs. de St-Pierre, G. 1,827
3. M. d'Arbois de Jubainville. Pouillé de 1407. Pièces justif. A n° 236, p. 220.

pour leur subsistance, ils devaient encore fournir aux réquisitions de ces envahisseurs. En 1410, une somme de vingt sous tournois était payée par le chapitre, « *pour battre les blez dudit Valens pour doubte des gens d'armes*[1]. »

La misère devint à son comble, les habitants furent réduits aux plus dures extrémités et il s'ensuivit, comme toujours en pareille circonstance, une disette et une grande mortalité. En présence d'un tel dénûment, les seigneurs durent forcément réduire les charges et diminuer l'impôt.

On lit dans les comptes du chapitre :

« *Recepte de soigle pour l'an CCCC et XIX... les dymeurs*
« *de Valans, c'est assavoir II sextiers mine*, solverunt *par*
« *Colote, femme Jehan Bricet I sextier et mine, et sont quite*
« *pour l'an pour cause des gens d'armes*[2]. »

Les terres ne pouvant plus être cultivées, demeurèrent en friches pendant toute la durée de la guerre, de sorte que de 1419 à 1426 et de 1429 à 1431 la taille ne fut pas imposée, non plus que les coutumes d'avoine dues à l'évêque :

« *Des tailles de Valans par Symon le Jacquetat, maire de*
« *Monseigneur illec, pour ce qu'elles n'ont pas été faictes ne*
« *imposées ceste année pour cause de la guerre, néant....*[3]. »

« *Des coustumes d'avènes dehues chascun an en la ville de*
« *Valens le jour de S. Remy, pour ce que les terres ne sont*
« *pas labourées pour la guerre, yci neant....*[4]. »

En 1429, Charles VII, conduit par Jeanne d'Arc, délivre Troyes du joug de l'étranger, mais le duc de Bourgogne auquel le roi d'Angleterre avait donné les comtés de Champagne et de Brie, pour le retenir dans ses intérèts, occupe toujours le pays. En 1433, les Anglais tiennent encore les places de Pont, d'Orvilliers, d'Origny et des Chapelles[5]. Les châteaux de Plancy et d'Anglure restèrent en leur pouvoir jusqu'en 1441.

En 1436, on vit encore les horreurs d'une famine occasionnée par la stérilité des terres et par les désordres de plusieurs troupes de soldats mécontents appelés *Ecorcheurs* et *Retondeurs*. En juillet 1438, Philippe-Antoine d'Orléans, dit le bâtard de Vertus, tient garnison à Méry et désole la contrée[6]. Pour comble de malheur, la gelée perdit les vignes en 1439, et au mois d'août de la même année, une grêle terrible causa de grands dégats sur les finages de Vallant et d'Orvilliers, dont les récoltes furent presque anéanties[7].

L'année suivante, le roi, précédé de son armée, passa à Méry, se rendant à Troyes, afin de remédier aux ravages des

---

1. Arch. de l'Aube, fs. de St-Pierre, G. 1,978.
2. Arch. de l'Aube, fs. de St-Pierre, G. 2,534
3. Arch. de l'Aube, comptes du Recev. de l'Evêché de Troyes, G. 291-292.
4. Arch. de l'Aube, comptes du Recev. de l'Evêché de Troyes, G. 293.
5. M. Boutiot, hist. de Troyes et de la Champagne Mérid. T. II, p. 568.
6. M. Boutiot, Hist. de Troyes et de la Champ. mér. T. III, p. 8.
7. Courtalon-Delestre, Topogr. T. I, p. 90.

brigands dont les chefs furent pris et punis du dernier sup-
plice. Mais les troupes royales, à peu près indisciplinées n'é-
taient pas moins à craindre que ces brigands. Vallant encore
dévasté par les gens de guerre, que malgré sa ruine il doit
nourrir, souffre presqu'autant que lorsqu'il était le théâtre de
la guerre étrangère.

Au mois de juin 1440, l'évêque de Troyes faisait fortifier
son domaine de Saint-Lyé pour « mettre en sûreté les vaches
des habitants dans le cas où les gens d'armes voudraient les
prendre. » Vallant reprenant son premier projet d'enceinte,
s'entoura également de murailles et de fossés peu capables, il
est vrai, de soutenir un siège, mais suffisants pour préserver
les demeures et les familles du pillage et de l'assassinat durant
le temps que les habitants étaient obligés d'aller, à leur tour,
à Méry faire le guet quand le château du roi était menacé.
Nous n'avons plus trace de ces murailles, mais les anciennes
dénominations qu'on retrouve dans les vieux titres, notamment dans le terrier de 1655 : *Les Relates, les Redons, la
Porte d'En bas, la Poterne, les Guichets, le Fossé-Clabert,*
en rappellent suffisamment l'existence [1].

Placé en dehors de cette enceinte, le moulin du chapitre
restait toujours à la merci des bandes armées qui inondaient
les campagnes. Le 23 décembre 1440, les chanoines délibé-
raient et cherchaient à soustraire leur moulin aux déprédations des soldats du roi : « *Messeigneurs ont ordonné au grant
« chamberier qu'il baille et délivre incontinent au musnier de
« leur molin de Valans ung escu d'or pour la reançon de la
« vanne dudit molin rançonnée par les gens d'armes estant
« audit lieu pour eviter plus grant inconveniant* [2]. »

Quelques jours après l'arrivée du roi à Troyes, il se trouvait
à Vallant un capitaine de gens d'armes nommé Jopiteau qui
menaçait aussi de saccager le moulin du chapitre. Le chapitre
paya à cet aventurier 27 sous 6 deniers, à titre de rançon, et,
au commencement du mois de février suivant. immédiatement
après le départ du roi, des experts envoyés par les chanoines
constataient que les gens d'armes venaient de détruire en
partie le vannage de ce moulin [3].

« *A Phelippon et Jehannin Luryon pour avoir été visiter
« les moulins de Valens que les gens d'armes avoient despe-
« ciez le IIIe jour de Febvrier... V s.* »

« *En la IIe sepmaine de Febvrier commencent le cinquième
« jour dudit mois... pour refere les queues des vannes dudit
« moulin de Valans que les gens d'armes avoient copées* [4]. »

---

1. Arch. de l'Aube, fs. de St-Pierre. Terrier de Vallant, G. 1440.
2. Arch. de l'Aube, fs. de St-Pierre, G. 1275. — La même année le chapitre payait la rançon du four banal d'Orvilliers occupé par les Bourguignons (Vallet de Viriville, Arch. de l'Aube, p 112.)
3. M. d'Arbois de Jubainville. — Inv. som. des Arch. de l'Aube. —
Introd., p. LVII.
4. Arch. de l'Aube, fs. de St-Pierre. G. 1852.

En 1444, une trève ayant été enfin conclue entre la France et l'Angleterre, le dauphin rejoignit à Troyes une armée composée de 20.000 cavaliers français et 10,000 fantassins anglais, qui allait porter secours à l'empereur d'Allemagne, alors en guerre contre les Suisses révoltés. Au retour de cette expédition, le prince revint à Troyes et y séjourna environ trois semaines pendant lesquelles ses soldats, vivant pour la plupart de pillages et de rapines, se livrèrent, sûrs de l'impunité, à toutes sortes d'exactions et de ravages. Vallant, placé sur leur passage ne fut pas épargné et plus d'une fois encore les seigneurs durent racheter leurs moulins accaparés et mis à rançon. Nous n'avons pas trace des misères que dut souffrir le pauvre peuple, mais les comptes du chapitre nous montrent suffisamment à quel point l'indiscipline et le brigandage étaient alors dans les habitudes de l'armée.

En cette année 1444, le chapitre payait :

En Juin. « *Pour une chemise de lin pour porter par Symon* « *Mahault aux gens d'armes de Pré-Aubert qui estoient logiez* « *audit Valens, la darnière sepmaine dudit mois pour la rençon* « *des moulins dudit Valens.... pour ce.... XX s.*

« *Item. A lui pour une boutoille de vin viez tenant V pintes* « *portée par le dessusdict avec ladicte chemise, pour ce, pour* « *la boutoille et pour le vin... V s. II d.*

En Juillet... « *Aux gens d'armes d'un cappitaine appelé* « *Louys Soyrbier, c'est assavoir au fourrier, qui estoyent* « *logiez à Valens pour la rençon du moulin dudit Valens, ung* « *escu d'or qui vault XXVII s. VI d.* [1].

Voilà comment les soldats du dauphin marquèrent leur passage à Troyes.

Pour remédier à de tels désordres, le roi entreprit enfin de réformer l'armée et de soumettre à une discipline régulière les gens d'armes dont tout le monde se plaignait. La taille qu'il imposa à cet effet fut acceptée d'autant plus volontiers que les villes et les campagnes ne se trouvaient plus exposées à tant de brigandages.

Désormais délivrés des horreurs de la guerre étrangère et des ravages des soldats indisciplinés, les habitants de Vallant purent enfin s'appliquer à réparer leurs pertes et à reprendre sans inquiétude la culture de leurs terres laissées depuis si longtemps en friches.

1. Arch. de l'Aube, fs. de St-Pierre. G. 1852.

CHAPITRE CINQUIÈME

Seigneurie

Engagement de Vallant au seigneur de Saint-Mesmin. — Les seigneurs viagers. — Terrier de Vallant.

Pressés par des besoins d'argent qu'augmentaient encore les exigences de l'impôt, les chanoines de Saint-Pierre s'étaient vus contraints d'aliéner partie de leurs domaines. Le 3 août 1563, en conformité d'un édit royal, ils cédaient à faculté de rachat perpétuel à Mre Jean Lhuillier, écuyer, sieur de Saint-Mesmin, les terres et seigneuries de Vallant et de St-Georges, moyennant la somme de 2,650 livres qui fut versée au receveur des finances[1]. Peu après, ils rentraient en possession de ces terres en remboursant le prix de leur aliénation, et en 1566, un procès-verbal de délimitation entre Saint-Mesmin et Courlange, d'une part, Vallant et Orvilliers, d'autre part, fut dressé à la requête de Nicolas Lhuillier, seigneur de St-Mesmin, La Rivière et Courlange[2].

A partir du siècle suivant, le chapitre transporte ses droits et sa justice à des seigneurs viagers qui, à leur tour, se déchargent des détails de l'administration, en transmettant leurs droits et leurs pouvoirs à un officier de leur choix qui, pendant quelque temps encore conserve le titre de maire, puis n'est plus désigné dans la suite que sous le nom de « *Lieutenant ès Justice et Mairie de Valens.* »

Suivant bail passé devant le notaire du chapitre, le 1er décembre 1609, les chanoines donnent à ferme à Mre Nicolas de Chassebras, l'un d'eux, la terre et seigneurie de *Valens*, consistant en « droit de justice, haute, moyenne et basse, mairie, « greffe, cens et rentes, défauts, amendes, lods et ventes, « droits de terrage, menues dimes d'agneaux, chanvre, pois, « fèves et autres légumes, four banal, 60 arpents de pré pro- « venant de la transaction faite avec les habitants de Valens, « plus 10 danrées tenant aux usages, 2 arpents en deux pièces, « dont une au finage de Valens et 10 danrées au lieudit les « Redons ; plus la rivière de Valens pour ce qui appartient à « MM. du chapitre, avec le droit de chasse et tous les droits « seigneuriaux, excepté les grosses dimes, le gagnage et la « moitié des lods et ventes[3]. »

Nous n'avons pu relever exactement la liste de ces seigneurs viagers. M. de Chassebras paraît être le premier qui ait porté

1. Arch. de l'Aube. — Invent. des titres du chapitre de Troyes. G. 1247. — Le chapitre engageait en même temps la seigneurie de Massey, près Troyes. — Courtalon, topogr., t. III, p. 159.
2. Arch. de l'Aube. Fonds de St-Pierre, G. 3111.
3. Arch. de l'Aube. Inv. des titres du chapitre, G. 1247.

ce titre ; en 1611, il céda ses droits à M⁰ Douynet, aussi chanoine de St-Pierre. Après lui nous trouvons : en 1635, Robert
de Lhommeau ; en 1649, Oudard Vestier ; en 1655, Edmond
Maillet ; en 1664, Jean Bazin, tous chanoines de Saint-Pierre.
En 1691, Mr⁹ Jean Dièvre, prieur de Saint-Georges, est à la
fois seigneur-viager de Vallant et d'Orvilliers ; en 1718, M⁰
Claude Semillard, curé de Vallant, est aussi qualifié de seigneur-viager dudit lieu ; enfin ce titre est encore porté en 1756
par Louis Sissou, bourgeois, demeurant à Méry.

M⁰ Edmond Maillet fit dresser en 1655 le terrier de la seigneurie en remplacement de celui établi en 1599, d'après un
édit du roi Henri IV.

Ce document, qui fait partie des archives de l'Aube, est in-
titulé :

« Papier-terrier des héritages assis et scitués aux finages de
« Vallans-Sainct-George, faict jusque au finage d'Orvilliers
« indivisible, par venerable et discrette personne M⁰ Edmond
« Maillet, prestre et chanoine de l'église de Troyes, seigneur-
« viager desdits Vallans et Sainct-George, pour le chapitre
« d'icelle église, en vertu des lettres royaux pour ce obtenues
« en chancellerie à Paris, le troisième jour du mois de mars
« mil six cent cinquante-cinq, enthérinées par la sentence
« rendue au bailliage de Sens le seizième jour de juin audit
« an.[1]. »

Il contient 58 déclarations, dont 2 du chapitre pour « *le
grand et le petit gagnage* » ; 1 du prieur de St-Georges et 55
de divers particuliers parmi lesquels : Messires Charles du
Bourg, chevalier, seigneur de Malauzat et autres lieux, demeurant à Vallant ; Pierre Guillaume, écuyer sieur de Chavaudon et autres lieux, conseiller du roi et lieutenant criminel
en l'élection de Troyes ; Denis Descanis, sieur de Boissy, demeurant à Paris, et Odard Le Courtois, conseiller et avocat du
roi au bailliage et présidial de Troyes.

Le chapitre possède 89 arpents, 6 denrées, 25 carreaux de
terres labourables en 63 pièces et 96 arpents, 3 denrées, 24
carreaux de prés en 10 pièces, dont 84 arpents 4 denrées en
une seule pièce au lieudit « *aux Praislons, le Pré-Clos et au
droit de Courlanges.* »

M⁰ Jean Dièvre, prieur de St-Georges, possède 75 arpents
5 denrées pour lesquels déclaration est faite par Jean Dublé,
bourgeois de Troyes, « *admodiateur général du revenu du
prieur* » ; en outre, Jean Cotot, laboureur, doit annuellement
au prieur 14 setiers et 8 boisseaux d'avoine.

1. Arch. de l'Aube, Fonds de St-Pierre, G. 1440.

CHAPITRE SIXIÈME

Droits seigneuriaux

§ I. — Cours d'eaux. — Pêche. — Chasse. — Colombiers.

Cours d'eau. — Les chanoines se prétendirent longtemps « *seuls seigneurs de la rivière* » ; à cette occasion nous les trouvons souvent en contestations, soit avec les habitants de Vallant, soit avec les autres seigneurs riverains de la Seine.

En 1395, ils passaient accord avec Charles de Chatillon[1], au sujet d'une écluse et chaussée qui fournissait l'eau au moulin de « *Beauregard situé au finage de Vallant, sur un bras de la rivière dit en la Vieille Noé et le Roidou*[2] », et l'année suivante, Jean de Sarrebrucke, seigneur d'Aunois-le-Château et autres lieux[3], déclarait que bien qu'il ait fait établir cette écluse pour alimenter son moulin de Beauregard, MM. du chapitre n'étaient point tenus de fournir l'eau pour l'usage de ce moulin et que, s'ils le faisaient, c'était par grâce spéciale et sans tirer à conséquence, à la charge par lui de laisser le cours d'eau libre jusqu'audit moulin et sous la réserve expresse du droit de pêche pour lesdits sieurs du chapitre.

Vers 1530, ils étaient encore en procès avec *Marie Cœur*, veuve d'Eustache Lhuillier, dame de Saint-Mesmin[4], au sujet des droits de justice haute, moyenne et basse sur la *Rivière-Neuve* qui séparait la seigneurie de Saint-Mesmin d'avec celle de Vallant, ainsi que sur les patures sises au long de cette rivière[5].

Pêche. — Jusque vers la fin du xviie siècle, les chanoines se réservèrent le droit exclusif de la pêche qu'ils réglementaient et affermaient à leur profit.

Suivant acte des 5 et 9 mars 1540, Simon Prévotat, Galley,

---

1. Charles de Châtillon, qui mourut en 1401, conseiller et chambellan du roi Charles VI, grand-queux de France en 1390, avait épousé Isabeau de Joinville, dame d'Etrelles, veuve de Jean de Sarrebrucke et fille d'Anne de Joinville, seigneur d'Etrelles et de Méry.

1. Ce moulin était situé sur la rivière de Beauregard, partie du Melda, à 2 kilomètres environ de Droupt-Ste-Marie ; en 1788 il appartenait à M. de Chavaudon de Ste-Maure, seigneur du lieu. — Topogr. de l'Aube, p. 15.

1. Jean de Sarrebrucke, seigneur d'Etrelles, évêque de Verdun, puis de Châlons, mort en 1438.

4. Marie Cœur était la petite-fille du célèbre argentier du roi Charles VII. — Dans la chapelle seigneuriale de l'église d'Augerville (Seine-et-Marne), on lit encore sur un marbre blanc l'inscription suivante :

« Cy gist le cœur de Marie Cuer, dame d'Augerville, Orville, Doulan-
« court, etc., fille de noble homme Geoffroy Cuer, échançon et maistre
« d'hôtel du Roy Louis XI, petite-fille de messire Jacques Cuer, conseiller
« et argentier du Roy Charles VII, mariée à Eustache Lhuillier, sieur de
« Saint-Mesmin, trésorier général de France, maistre des comptes du Roy.»

5. Arch. de l'Aube. Fonds de St-Pierre, G. 1247.

Decorps, dit Vincent, et Nicolas Parchappe, tous pêcheurs demeurant à Vallant, reconnaissent être redevables envers le chapitre d'une somme de quatre livres tournois pour avoir le droit de transporter hors de Vallant le poisson qu'ils pêcheront dans la Seine audit lieu, et en disposer comme bon leur semblera, après toutefois l'avoir exposé en vente aux lieux ordinaires de la paroisse.

Jean Rué était fermier de la pêche de Vallant, suivant bail du 14 février 1549 et, en novembre 1649, le chapitre louait à Mre Odard Vestier, chanoine de St-Pierre, à Pierre Bardot, à Nicolas Parchappe et à Edme Lorey « *pescheur de Vallans* », le droit de pêche sur la rivière moyennant une redevance de 9 livres et deux plats de poisson.

Après diverses contestations avec les habitants, une convention ratifiée en 1607 au bailliage de Sens, décida que la rivière de Seine appartiendrait pour trois-quarts au chapitre et l'autre quart indivisement aux communautés de Vallant et d'Orvilliers, sans préjudicier aux droits du roi ; et, en 1611, le maître des eaux et forêts de Sens, déboutant les chanoines de leur appel, déclarait qu'il était seul juge compétent pour connaître du droit de *gruerie* dû par les pêcheurs et chasseurs de Vallant.

Les seigneurs voyant ainsi leur échapper de précieux priviléges, résistèrent avec force aux officiers du roi, mais le 18 décembre 1666, une sentence du bailli de Sens reconnut aux habitants de Vallant le droit de pêcher dans la Seine et autres ruisseaux, en payant l'impôt à Sa Majesté et en se servant d'engins portant la marque du roi ; défense fut faite au chapitre de les troubler à l'avenir sous peine de mille livres d'amende, dépens et dommages-intérêts.

Quoi qu'il en soit, pendant plusieurs années encore, nous voyons les chanoines posséder des droits sur partie de la rivière. En 1681, la *Rivière du Moulin* était louée 8 livres, mais pendant quatre années les locataires n'en purent jouir, en ayant été empêchés par les pêcheurs de Méry et, peu après, Me Jean Dièvre, seigneur-viager de Vallant, déclarait que la grande rivière, si elle eut été louée de 1669 à 1687, aurait pu rapporter 35 à 40 écus au chapitre et il réclame une indemnité pour la non-jouissance du tiers de cette rivière auquel il avait droit.

A partir de cette époque, la pêche de la Seine paraît avoir été abandonnée entièrement aux habitants. Le 10 novembre 1739, Nicolas de Mauroy, lieutenant en la justice et mairie de Vallant procédait, en présence du procureur fiscal et du syndic, à l'adjudication, au profit de la communauté, de la rivière du lieu, avec défense à tous particuliers, autres que l'adjudicataire, d'y pêcher et chasser[1].

---

1. Arch. de l'Aube. Fonds de St-Pierre, G. 1245 et 1251.

En 1779, la « *peschée de Vallant* » était louée moyennant 48 livres ; en 1786, 100 livres [1].

Chasse. — La chasse était encore réservée par les seigneurs et nul autre que leur fermier ne pouvait user de ce droit.

Le 17 octobre 1664, il était constaté par procès-verbal du greffe de la justice de Vallant que le 6 du même mois, un cerf avait été chassé sur les terres de la paroisse et qu'on continuait à chasser avec fusils et chiens courants. Peu après, Jean Souty et Louis Legros, de Vallant, étaient poursuivis pour faits de chasse et une lettre de commission de la *Table de marbre du Palais* à Paris, déclarait que la chasse et la pêche de Vallant appartenait à M⁰ Jean Bazin, chanoine de St-Pierre, qui seul avait pouvoir d'assigner pour délit de chasse et de pêche. Enfin, un arrêt du Parlement du 23 avril 1733, rendu à la requête du chapitre, condamne Collet père et fils, Jean Moriat et Jean Herluison, convaincus d'avoir chassé sur les terres de la seigneurie, en chacun 25 livres d'amende, 100 livres de dommages-intérêts, avec défense à l'avenir de porter un fusil sous peine de punition exemplaire.

Suivant bail passé par Louis Sissou, seigneur viager, en 1756, la chasse aux canards était affermée, avec la dîme des vignes, pour neuf années, à Jean Herluison et Jacques Galley, à raison de 105 livres par an [2].

Colombiers. — Les seigneurs avaient seuls droit de colombier à pied dans leur fermage de Vallant. Le rôle des tailles de 1786 indique comme exempt de l'impôt le « *volet* » (colombier) du prieuré de St-Georges [3].

Le 3 septembre 1752, il était constaté que Jean Herluison, laboureur à Vallant, qui possédait 210 arpents de terres sur le finage, avait un colombier qui subsistait depuis plus de quarante ans, bien qu'il ne justifiât à cet égard d'aucune concession des seigneurs [4].

<h3 style="text-align:center">§ II. — Moulins, Fours et Pressoirs banaux.</h3>

On appelait banalité le droit qu'avait le seigneur d'un fief d'assujettir ses vassaux à faire certaines choses de la manière qu'il leur prescrivait. Ainsi les vassaux devaient moudre leurs grains au moulin du seigneur, cuire leurs pains à son four, presser leurs vendanges à son pressoir, moyennant une rétribution ou redevance.

Moulins. — Nous avons vu qu'en 1152 une bulle du pape Eugène III reconnaissat alors au chapitre de St-Pierre la possession du *moulin de Vallant*.

L'emplacement de ce moulin sur la rive gauche [de la Seine,

1. Arch. de l'Aube. Fonds de St-Pierre, C. 1599 et 1953.
2. Arch. de l'Aube, G. 1247.
3. Arch. de l'Aube, C. 1952.
4. Arch. de l'Aube, C. 1953.

est encore indiqué par un large fossé, reste d'un ancien bief, qui prenait les eaux du fleuve à cent mètres au-dessus du village, pour les rejeter en aval à environ quatre cents mètres de là. Des déclivités de terrain, en partie remplies d'eau, permettent de suivre encore le cours de ce bief. Le chemin qui y conduisait, partant de l'église, porte toujours le nom de *Ruelle du Moulin;* on y a trouvé des fragments de meules et des matériaux calcinés par suite d'un incendie.

Si l'on en croit la chronique, les sources du ruisseau de St-Georges ou de Courlanges, que grossissaient encore, à l'époque des pluies, les eaux d'un réservoir ou vivier sortant de la cour du prieuré de ce nom, auraient été autrefois assez abondantes pour faire tourner un moulin qui dut exister à peu de distance du prieuré. Cet endroit, aujourd'hui appelé communément les *Noues de St-Georges,* est désigné dans les anciens titres sous le nom de « *Noues des Molins* ».

Le moulin de St-Georges disparut sans doute à l'époque de la guerre des Anglais ; quant à celui de Vallant, aussi ruiné dans les mêmes temps, sa reconstruction eut lieu quelques années plus tard. On y fabriquait des toiles qui trouvaient leur écoulement aux célèbres foires de Troyes.

De 1387 à 1388, les comptes du chapitre constatent diverses réparations faites aux moulins de Vallant :

« Etat des despences pour retenir et mettre en estat deux
« pièces qui se faisoient en la rivière au-dessus des molins
« aus toilez. — En la sepmaine de la St-Mathias apost... A
« Jehan Fierabraz et Thiebaut de Sainct-George, son valet...
« V l. XX s. VI d.

« Despens faictes aux molins aus toilez. — En la sepm.
« commencent le XVI⁰ iour de feurier... A Jehan Fierabraz
« et Thiebaut de Sainct-George, son valet, qui lundi, mardi,
« mercredi, jeudy et vendredi de la dar. sepm. ouvrent aux-
« diz molins a faire IIII mailloz neufz, les timont d'iceulz
« mailloz po. ce q. les viez estoyent co. decoupz. Et a reparer
« les pillez, chaussier la roe tout à neuf de coings, bracons,
« chevillez. Et de XXIV aunez tout neufvez. Et a faire ung
« auge de IV trapans qui recept lyaue q. les potoz y ietent
« pour venir ez pillez. Sont V iours a IIII s. VII d. p. iour
« aud. Fierabraz et à son vallet, valent .. XXII s. XI d.[1] »

Pendant plusieurs années, même après l'expulsion des Anglais, les bandes armées qui parcouraient les campagnes à la suite du roi ou du dauphin, accaparèrent les moulins de Vallant qu'ils détériorèrent ou mirent à rançon[2]. Les comptes de la grand'chambre du chapitre constatent, en 1427, les dépenses faites pour la réfection de ces moulins. Le 6 septembre de l'année 1438, le chanoine Nicolas Fourny, rencontré près de

1. Arch. de l'Aube. Fonds de St-Pierre, G. 1827. Original.
2. Arch. de l'Aube. Fonds de St-Pierre, G. 1276 et 1850. — V. *suprà,* Guerre des Anglais.

Villacerf par les gens du capitaine *Brusac*, fut rançonné à vingt-huit saluts d'or, un écu et dix sous tournois qu'il avait en sa bourse pour payer les dépenses des moulins de Vallant. En novembre 1440, le grand-chambrier rend compte des « des- « penz faiz le IIIe iour dudit mois pour aller à Valens après ce « que les gens d'armes furent deslogiez, visiter les moulins « dudit Valens pour ce quilz ne pouvoyent moure par la « faulte des gens d'armes [1] ».

Comme tous les moulins de la banlieue de Troyes jusqu'à Méry, ceux de Vallant dépendaient de la juridict on de l'Hôtel-de-Ville. En 1431, le conseil de la ville de Troyes ordonnait une visite de la Seine, entre Troyes et Méry, pour savoir ce qu'il y avait à faire « *afin de naviguer* » et, après visite effectuée le 13 juillet de la même année, ordonnait le récépage d arbres qui gênaient la navigation de la Seine et la modification des barrages artificiels *des moulins à blé et à foulon de Vallant*. L'emplacement de ces barrages, au lieudit « *le Batard* », est encore marqué par d énormes quartiers de pierres cimentées accompagnés de pilotis qui traversent le lit de la Seine, en amont, à cinquante mètres environ des premières maisons du village, les gens du pays les appellent « *les Roches* » ; une ouverture ou pertuis y était ménagée pour le passage des bateaux.

D'après lettres patentes de 1486, les bateaux ou nacelles qui descendaient ou remontaient le fleuve payaient aux moulins de Vallant 10 deniers pour droit de passage à ce pertuis [2].

Les moulins de Vallant étaient loués à vie. En 1597. Simon Moriat devait au chapitre la quantité de 11 muids de grains et 26 écus pour l'amodiation desdits moulins et, l'année suivante. le nommé Mahon, nouveau meunier, s'engageait à remplacer à ses frais une meule, moyennant 24 setiers de grains, moitié seigle et orge, avec la somme de 18 livres que lui remit le chapitre [3].

Par contrat du 10 août 1618, Marc-Antoine Féloix, greffier du bailliage de Troyes, était locataire de deux moulins, l un à blé, l'autre à foulon, situés au finage de Vallant. moyennant 40 livres tournois de rentes et 5 livres de censives, payables annuellement à la St-Remy et à Pâques [4].

Dans la suite ces moulins furent-ils, comme on l'assure, transformés en papeterie par la riche famille des *Le Bé?* Nos recherches sont restées infructueuses à c t égard. Quoiqu'il en soit, ils n'existaient plus à l'époque de la Révolution, car il n'en est fait aucune mention dans les procès-verbaux de vente des biens du clergé.

Fours. — Des fours banaux existaient à Vallant et à Saint-

---

1. Arch. de l'Aube. Fonds de St-Pierre, G. 1852.
2. Chaumonnot. Etude sur la dérivation de la Seine.
3. Arch. de l'Aube. Fonds de St-Pierre, G. 1247.
4. Arch. de l'Aube. Fonds de St-Pierre, G. 1248.

Georges. Ce dernier dut être en partie restauré en 1388 après le passage de l'armée anglaise[1].

En 1486, ils étaient affermés ensemble à Jean Hérard. Il résulte d'un acte du 3 novembre 1514 que les habitants de Vallant ne pouvaient, sous peine de trois livres d'amende, faire cuire leurs *pâtes levées* ailleurs qu'au four banal dudit lieu, ni construire aucun four, sinon de la grandeur d'une aune pour y faire cuire leurs *pâtes non levées*.

En 1502, Jean Vidot, boulanger à Vallant, reconnaît que les chanoines-seigneurs ont un four banal auquel les habitants du lieu sont obligés d'aller cuire leurs pâtes levées, à la charge de payer auxdits seigneurs ou à leur fermier les droits de banalité, sans qu'il leur soit possible de cuire ailleurs, sous peine de 60 sous tournois d'amende, et que bien que les seigneurs l'aient autorisé d'avoir chez lui un four, pour lequel il s'oblige à leur payer 26 sous tournois par an, il ne peut prétendre à aucun droit de banalité ni permettre à personne de cuire des pains audit four.

La même declaration est faite en 1515 par Laurent Famelat et autres qui reconnaissent être redevables envers MM. du chapitre, de 20 sous tournois de rente annuelle et perpétuelle, pour raison du four qu'ils leur ont permis de faire dans leurs maisons[2].

Ces prescriptions furent confirmées par sentence du 3 septembre 1596 aux habitants du village de Saint-Georges qui faisaient mine d'y résister[3].

Quelques années plus tard, les habitants de Vallant ayant à se plaindre de la mauvaise cuisson de leurs pains, cherchèrent à leur tour à se soustraire au droit de banalité, mais une sentence rendue en la justice du lieu, le 12 juin 1607, ordonna à Jean Chenelot, *« fermier et admodiateur du four banal »* de faire bien cuire les pains, « à peine de payer celui qui man-« quera de l'être, et de dix livres d'amende contre les habi-« tants qui manqueront d'aller cuire au four banal[4]. »

Jusqu'à la Révolution, les fours banaux de Vallant et de St-Georges continuèrent d'être affermés ensemble. Le four banal de Vallant existait proche l'église, en face la ruelle du Moulin.

Pressoirs. — Un pressoir banal était aussi établi dans chacun des villages de Vallant et de St-Georges. En 1388, les comptes du chapitre mentionnent des travaux au pressoir de St-Georges qui, sans doute, avait eu à souffrir du passage des troupes anglaises[5].

La banalité de ce pressoir fut disputée au chapitre par le

---

1. Arch. de l'Aube. Fonds de St-Pierre, G. 1827.
2. Arch. de l'Aube. Fonds de St-Pierre, G. 1247.
3. Arch. de l'Aube. Fonds de St Pierre, G. 1249.
4. Arch. de l'Aube. Fonds de St-Pierre, G 1247.
5. Arch. de l'Aube. Fonds de St-Pierre, G. 1327.

prieur de St-Georges ; un compromis homologué au parlement
de Paris, le 24 janvier 1407, fixa les droits de chacun touchant
« la possession et saisine dudit pressoir[1]. »

En 1552, les seigneurs passaient contrat d'accensement à
Jean Subtil, moyennant 12 deniers tournois de censive, d'un
jardin où était un pressoir banal, contenant 9 perches de long
sur 5 pieds de large[2].

§ III. — Dimes. — Novales. — Terrage. — Champart. — Cens. — Lods
et Ventes. — Corvée seigneuriale.

Les chanoines de Troyes, gros décimateurs de la paroisse de
Vallant, levaient la dîme sur tous les produits de la terre, tels
que blé, vin, légumes, chanvre et sur le bétail. Ils avaient
également droit de terrage et de champart, c'est-à-dire de pré-
lever en nature sur les gerbes et les légumes et de prendre sur
le champ une certaine partie de blé et d'autres fruits avant
que celui qui tenait la terre en champart enlevât ce qui devait
rester pour lui.

La *dîme*, qui se payait au seigneur et à l'Eglise, était ainsi
appelée parce que, dans l'origine, elle était ordinairement la
dixième part du revenu (*decima pars*). Contrairement aux autres impôts, ce droit diminua sensiblement, en dernier lieu il
n'atteignait plus dans la paroisse de Vallant que le dix-hui-
tième et même le vingtième du revenu ; les nouvelles cultures
n'y étaient pas sujettes, comme les pommes de terre, les
choux, le trèfle ; les prairies en étaient exemptées ; les vaches
ne payaient rien, les agneaux du douzième au vingtième.

Il résulte d'une sentence rendue en 1578 par Prudent Prestat, lieutenant en la justice et mairie de Vallant, que la dîme
se percevait alors à raison « *de la* 18e *gerbe des gros blés et* 18
monceaux des menus grains[3]. » Au XVIIIe siècle, les seigneurs
levaient la dime sur tout le finage, c'est-à-dire sur environ
3,000 arpents ; ils en faisaient remise d'une partie pour le *gros*
ou revenu du curé. La dîme en grains et autres droits seigneuriaux, tels que *terrage, champart, lots et ventes*, s'élevaient, en 1769, à 1,240 livres ; en 1786, à 1,484 livres, dont
1,334 livres pour la dîme en grains ; en 1787, à 1,318 livres[4].
Les *menues* et *vertes dîmes*, perçues sur les fruits de la terre,
tels que blés, vins, huiles et autres, étaient dues au curé,

1. Arch. de l'Aube. Fonds de St-Pierre, G. 1247.
2. Arch. de l'Aube. Fonds de St-Pierre, C. 1248.
Nota. — La vigne qui n'occupe plus à Vallant qu'un hectare environ du
territoire, était autrefois cultivée sur une plus grande étendue ; la côte dite
des *Hauts-de-Chaumont*, située au sud-ouest de l'ancien prieuré de Saint-
Georges, en était couverte ; partie de cette colline a conservé le nom « *de
Vignes neuves* ». — En 1769, il n'existait déjà plus que 3 arpents 96 cordes
de vignes sur le finage de Vallant-St-Georges. (Arch. de l'Aube, C. 1952.)
3. Arch. de l'Aube. Fonds de St-Pierre, G. 1247.
4. Arch. de l'Aube. Fonds de St-Pierre, C. 1952 et 1953.

ainsi que les *dîmes novales*, droit sur les terres nouvellement défrichées.

La dîme était affermée à des habitants du lieu. En 1409, Jehan Fenodot et Jehan Cottel s'obligent envers le chapitre à conduire à St-Georges et à Vallant, 8 muids de blé dont 1 de froment, 3 muids de seigle et 4 muids d'avoine « *pour fermage des dixmes et terrages desdicts Sainct-George et Vallans* [1]. » En 1553, les chanoines donnent à bail la dîme des vignes de la seigneurie et, en 1756, Jean Herluison et Jacques Galley étaient fermiers du même droit.

Le 22 octobre 1698, le chapitre faisait saisir tous les grains et pailles appartenant à Jérôme Soubtil « *dixmeur des dixmes de Vallans* », faute de paiement par lui de 1 setier 10 boisseaux de froment, 8 setiers 8 boisseaux d'orge, et 19 setiers d'avoine qu'il devait pour fermage des dîmes ; plus, pour l'adjudication du *gagnage de Vallant*, la quantité de 4 boisseaux de seigle, 3 setiers 4 boisseaux 2 picotins d'orge et 21 boisseaux d'avoine [2].

Le *cens* était l'impôt foncier et mobilier sur les biens. D'après la Coutume de Sens, suivie à Vallant, faute de paiement du cens au jour fixé, les seigneurs pouvaient condamner les retardataires jusqu'à cinq sous tournois d'amende, c'était là ce qu'on appelait *la justice foncière*, et, en cas de refus d'éxécuter ce jugement, ils pouvaient faire saisir les biens ruraux et les fruits, faire enlever les portes et ouvertures des maisons et biens en cencive ou en arrêter le louage.

Les *lods et ventes* se percevaient lorsque les terres changeaient de mains ; c'était l'équivalent de notre droit de mutation. L'acquéreur payait le droit de *lod* et le vendeur celui de *vente*. A Vallant, 20 deniers tournois par chaque livre tournois étaient dus aux seigneurs dans la quinzaine de l'adjudication sous peine de 60 sous tournois d'amende [3].

La *corvée* destinée à labourer les terres du domaine seigneurial n'était pas en usage à Vallant ; les terres conservées par les chanoines se trouvant affermées, ils ne faisaient, par conséquent, rien valoir par eux-mêmes.

§ IV. — Justice. — Bourgeoisie. — Coutume de Sens. — Les notaires de Vallant.

Justice. — Les chanoines de St-Pierre avaient à Vallant et à Saint-Georges, droit de haute, moyenne et basse justice ; ils connaissaient donc de toutes causes et disposaient des biens et de la vie. Dès 1104, le comte Hugues de Champagne « qui par la guarison non espérée de ses playes avoit jà re-« cognu ses peschez et la miséricorde que Dieu luy faisoit »,

1. Arch. de l'Aube. Fonds de St-Pierre, G. 1249.
2. Arch. de l'Aube. Fonds de St-Pierre, G. 1247.
3. Coutume de Sens, rédigée en 1555.

leur avait accordé de grands priviléges, notamment ses droits de justice et les dîmes de son revenu [1].

Le *Mayeur* ou *Maire* de Vallant, qui rendait la justice au nom des seigneurs, n'était que le lieutenant de leur *Grand-Maire*. Ce Grand-Maire, premier juge des justices particulières appartenant au chapitre, avait droit de rendre jugement par lui-même dans chacune de ces justices et même de retenir les causes pour les juger à son siége dit « *de la Hache* », situé vis-à-vis la place St-Pierre de Troyes.

Les archives de l'Aube possèdent un état des amendes prononcées par le grand-maire du chapitre dans « *ses jours* » tenus à Vallant, les 18 octobre et 1er décembre de l'année 1389. Une copie du registre aux causes des *jours* tenus à Vallant, Orvilliers, Sainte-Syre et Vannes est également conservé dans ce dépôt [2].

Un procureur fiscal remplissait près du maire de Vallant des fonctions analogues à celles que remplit aujourd'hui le ministère public ; le maire était également assisté d'un greffier et un sergent-priseur était chargé de l'exécution des jugements. Les appels des sentences se portaient aux assises semestrielles du bailli de Sens et plus tard, après la création de ces tribunaux, au siége présidial de la même ville pour les affaires qui n'excédaient pas 250 livres de principal ou 10 liv. de rentes, et enfin en dernier ressort au parlement de Paris.

Quand les chanoines eurent affermé leur seigneurie de Vallant à des seigneurs-viagers, ceux-ci firent profit des charges de judicature. En 1607, Mre Nicolas de Chassebras, chanoine de St-Pierre et seigneur-viager, passe bail du greffe de la justice de Vallant à Pierre Bennisson, moyennant 6 livres 5 sous tournois de redevance annuelle, et, en 1756, Louis Sissou donne, en la même qualité, à Jean Herluison et à Jacques Galley, l'office de sergent-priseur [3].

A partir de cette époque, les officiers chargés de rendre la justice prennent le titre de *Lieutenant ès justice et Mairie de Vallant pour MM. les vénérables doyen et chapitre de l'église cathédrale St-Pierre de Troyes, seigneurs de Vallant* [4].

Bourgeoisie. — Dès le xve siècle, les *bourgeois du roi* purent

---

1. Desguerrois. *La saincteté chrestienne*, ch. IV, an. 1104.
2. Arch. de l'Aube. G. 2608 et 2609.
3. Arch. de l'Aube. Fonds de St-Pierre, G. 1247.
4. *Lieutenants ès justice et mairie de Vallant :* 1578, Prudent Prestat ; — 1672, Pierre Souty ; — 1673, Claude Galley ; — 1688, Louis Thomas, procureur au bailliage de Méry ; — 1689, Sébastien Thomas, procureur et notaire royal au même bailliage ; — 1695 à 1715, J.-B.-Claude Guerrapain : — 1719, Claude Colleson ; — 1744 à 1756, Nicolas de Mauroy.

Procureurs fiscaux : 1679, Pierre Galley ; — 1686 à 1707, Charles Duchat ; — 1738, Claude Devienne ; — 1743, Jean-Pierre Moriat ; — 1765, Jean Herluison ; — 1775, Charles Souty ; — 1776, Denis Herluison ; — 1780, Nicolas Moriat.

Greffiers : 1606, Pierre Bennisson ; — 1689, Moria ; — 1764, Jacques Galley le jeune.

Sergents-priseurs : 1756, Jean Herluison et Jacques Galley.

se soustraire à la haute justice des seigneurs. D'après la coutume de Sens, les habitants de Vallant prenaient leurs lettres de bourgeoisie du prévôt de Sens, en présence de deux ou trois bourgeois de cette ville, en promettant de remplir leurs devoirs dans tous les cas prévus. Cette formalité remplie, ils pouvaient décliner la juridiction subalterne du chapitre, exercer un métier et faire le commerce dans l'étendue du bailliage, ils restaient seulement justiciables des seigneurs pour les actions concernant les droits de succession ou se rapportant aux terres dépendant de la seigneurie, ainsi que pour le paiement des dettes dues par un habitant soumis à la justice locale. A raison de ces droits et priviléges, ils étaient *bourgeois du roi* qui prélevait annuellement sur chacun d'eux 12 *deniers parisis*.

Dans le courant du même siècle, les bailliages de Troyes et de Sens élevèrent des prétentions réciproques au sujet du droit de bourgeoisie dans la seigneurie de Vallant. Nous avons vu qu'à l'occasion d'un partage de serfs entre le roi de France et l'évêque de Troyes, Charles VII avait dû décider que le commissaire nommé par lui pourrait agir à Vallant, malgré l'opposition du lieutenant du bailliage de Sens, qui réclamait ce village comme étant de sa juridiction. Des lettres de *committimus* du même roi, du 13 décembre 1440, déclarent en outre que les habitants de Vallant sont sous la sauvegarde du bailli de Sens et que tous leurs droits et actions doivent être portés directement devant ce magistrat, à l'exclusion de tous autres juges. Un arrêt du parlement de Paris, du 2 août 1463, porte que « dorénavant le receveur ordinaire de Sens recevra « comme pour main tierce et souveraine audit lieu de Val- « lant, le droit de bourgeoisie dont il fera recette dans ses « comptes, sans préjudice du droit des parties et des appella- « tions sur ce interjetées en Cour de parlement par manière « de provision, jusqu'à ce qu'autrement soit ordonné. » Un autre arrêt de la même Cour, daté de 1502, confirme également la décision du bailli de Sens portant que « *les village et justice de Vallant* » sont du ressort du bailliage de Sens et non de celui de Troyes [1].

Coutume de Sens. — Le 3 novembre 1555, lors de la rédaction de la Coutume de Sens, le procureur du roi en la prévôté de Troyes, soutint que les villages de Vallant, Saint-Georges, Orvilliers, Sainte-Syre et autres, dépendant du chapitre, avaient toujours fait partie du bailliage de Troyes où leurs habitants avaient plaidé sur des faits personnels et civils en première instance et appel, même pour le fait de gruerie ; mais le procureur du roi près le bailliage de Sens, confirmant les dires du chapitre et des habitants de ces villages, déclara : « Que les subjets et demourans esdites terres et seigneuries « ont dès sept ou huict cens ans et auparavant ressorty par-

---

1. Arch. de l'Aube. G. 2613 et 1247.

« devant le bailly de Sens ou siége dudit Sens, que dans cha-
« cune de ces mêmes villes et seigneuries sont establis des
« substituts du tabellion du roi au bailliage de Sens qui re-
« çoivent les contrats intitulés au nom du prévost de Sens ;
« que les fermiers du roy à Sens y perçoivent 12 deniers pa-
« risis pour le droict de bourgeoisie ; que le droict de gruerie
« y est exercé par les officiers du même bailliage ; enfin que
« le maistre des eaux et forêts du même bailliage tient chaque
« année son siége au lieu de Ste-Syre où viennent répondre
« les habitants des mêmes terres, villages et seigneuries. »

Ces dires établis, les commissaires ne vidèrent pas le diffé-
rend ; les parties furent renvoyées au lendemain de *Quasimodo*
suivant devant la Cour de parlement, qui ne parait pas avoir
statué définitivement. Le litige ne fut mis à fin qu'en 1586
par suite de transaction. Le chapitre consentit enfin à ce que
les appellations interjetées par ses sujets relevassent du bailliage de Troyes[1]. Quoi qu'il en soit, cette transaction ne fut
pas toujours rigoureusement exécutée ; jusqu'en 1695, les registres de la paroisse de Vallant sont paraphés au bailliage de
Sens, mais à partir de cette époque jusqu'en 1730, ils portent
la signature du lieutenant-général du bailliage de Troyes ; en-
suite et jusqu'en 1791, ils sont de nouveau paraphés au bailliage de Sens. Dans les années 1676, 1710, 1743, 1762,
nous voyons des notaires s'intituler : « Notaire et tabellion
royal au bailliage de Sens, résidant à Vallant. »

Notaires. — Comme l'indique le procès-verbal de rédaction
de la Coutume de Sens, un substitut du tabellion royal de ce
bailliage résidait à Vallant dès avant 1555. Les notaires ou ta-
bellions royaux avaient acquis, en effet, par l'édit du 5 février
1551, le droit de se faire substituer par leurs clercs, après les
avoir « fait jurer » ; c'est ainsi que le premier officier que
nous trouvons chargé de recevoir les contrats dans la justice
et mairie de Vallant, est seulement désigné sous le titre de
clerc juré. Plus tard, en 1597, Henri IV créa, dans différentes
paroisses du bailliage, de nouveaux offices dont les titulaires
réunirent, sous le titre de notaires royaux, les anciennes dénominations de notaire, tabellion, garde-notes.

Voici les noms de quelques notaires de Vallant relevés dans
diverses pièces faisant partie des anciennes archives du chapitre Saint-Pierre de Troyes :

1559. Jean Jacquinot, clerc-juré au lieu de Vallant.
1635. Claude Michel, notaire royal.
1638. Jean Cotot, notaire royal.
1676. Claude Galley, notaire et tabellion royal au bailliage
de Sens, résidant à Vallant.
1710. ... Colleson, notaire royal.
1743, 1762,... Jacques Galley, notaire et tabellion royal.

---

1. T. Boutiot. Hist. de Troyes et de la Champ. mérid., t. III, p. 434.

Le dernier notaire de Vallant, Louis-Gabriel Herluison, qui a exercé du 7 prairial an III au 31 décembre 1829, n'a pas été remplacé. Ses minutes sont déposées à l'étude du notaire de Méry ; quant à celles de ses prédécesseurs, à part quelques copies existant aux archives de l'Aube, nous n'en avons trouvé trace dans aucun autre dépôt public.

CHAPITRE SEPTIÈME

Des Droits du Roi.

Tailles. — Capitation. — Vingtième. — Aides et Gabelles. — Jurée. — Gruerie. — Corvée royale. — Milice. — Juridictions.

Tailles et Capitation. — On désignait sous le nom de tailles deux sortes d'impositions, l'une appelée taille personnelle ou capitation ; l'autre, appelée taille réelle, était un impôt de répartition assis sur les biens. La taille personnelle ne pesait que sur les roturiers ; les nobles et les ecclésiastiques en étaient exempts ainsi que de la taille réelle à laquelle ils n'étaient assujettis que pour les biens roturiers qu'ils tenaient en censive.

Les tailles et autres impôts étaient recueillis par des collecteurs qui devenaient responsables sur tous leurs biens, et même par corps, du recouvrement de l'impôt, et ne pouvaient s'acquitter de cet odieux emploi qu'avec une escorte d'huissiers et de garnisaires qui les surveillaient et les dénonçaient au besoin.

A Vallant, deux impositeurs et deux collecteurs étaient, chaque année, pris au sort parmi les habitants, réunis pour dresser l'état des tailles, sous la présidence du lieutenant en la justice et mairie ; procès-verbal de cette élection était établi par devant le notaire du lieu.

En 1788, une ordonnance de l'intendant de Champagne condamna à 30 livres d'amende un collecteur de la paroisse de Vallant, coupable d'avoir fixé trop bas le montant de sa cote de taille.

En 1659, le montant du rôle des tailles de Vallant est de 2,081 livres ; il est de 1,906 livres 10 sous en 1677, pour 67 taillables ; en 1683, est exempt de la taille noble homme François de la Croix[1] ; en 1693, le rôle compte 50 taillables, 3 invalides et 2 exempts : le curé et M. de la Motte, gentilhomme[2].

Dans les années suivantes figurent au nombre des personnes exemptes de l'impôt, outre le curé, nobles hommes Charles du Mont, Charles de Cosny, Jean du Bourg, de Mauny, et Philibert Emonin, capitaine général d'artillerie, ancien payeur des rentes à l'Hôtel-de-Ville de Paris[3]. On voit qu'à cette époque Vallant était habité par diverses familles nobles.

---

1. François de la Croix, époux de Jeanne du Bourg, fille de Charles du Bourg, seigneur de Blives et de Méry, dame de Blives, décédée à Vallant en 1683. — Registres de la paroisse.

2. Claude du Bourg, sieur de la Motte. Il habitait Vallant où son fils, Jean-Baptiste du Bourg, chevalier, seigneur de Malauzat, décéda en 1744 à l'âge de 51 ans. — Reg. de la paroisse

3. La famille Emonin est d'origine troyenne. La mère du contrôleur général Orry, née dans cette ville, était fille d'un capitaine de cavalerie et

En 1765, le tarif de la taille était 'de 3 sous 1/2 denier pour livre de revenu ; celui de la capitation et autres impositions, de 15 sous 3 deniers pour livre de la taille. Le rôle s'élève à 2,413 livres 13 sous, dont 1,370 livres 11 sous pour la taille, et 1,043 livres 2 sous pour la capitation et autres impôts.

En 1769, elle est ainsi répartie :

Taille	1.083 l.	7 s. 6 d.
Capitation	657	» »
Quartier d'hiver (logement de troupes) .	737	» »
Total. . . .	2.477 l.	7 s. 6 d.

En 1783, le montant du rôle est de 2,789 livres 5 sous, le nombre des taillables de 93, dont 83 demeurant à Vallant, non compris le *Recteur d'école*, côté seulement à cinq sous de capitation.

En 1786, 109 taillables sont inscrits ; exempts :

1o M. le curé pour 15 arpents de terres ;

2o M. de Ste-Maure, seigneur de Droupt-St-Basle, pour 144 arpents de terre.

Sont encore exempts les biens de main-morte ci-après :

1o Hôtel-Dieu de Troyes, 30 arpents de terre ;

2° Abbaye de Notre-Dame-aux-Nonnains de Troyes, 94 arpents de terre, 6 de prés et 6 de bois ;

3° Fabrique de Vallant, 62 arpents de terre ;

4° Chapitre St-Pierre de Troyes, 100 arpents de terre, 100 arpents de prés, les droits seigneuriaux évalués à 150 livres et la dîme en grains à 1,334 livres ;

5° Prieuré de St-Georges, maison, 6 quartiers de terres, enclos, volet (colombier), 100 arpents de terres et 18 de prés ;

6o Cure de Vallant, 8 arpents 3/4 de terres, un enclos et les novales estimées 100 livres ;

7° Communauté de Vallant et d'Orvilliers, la « *péchée* » louée 100 livres et 14 arpents en fauchaison.

En 1788, les principaux taillables de Vallant sont :

La communauté d'Orvilliers imposée à 281 livres 10 sous. — Claude Moulin, imposée à 156 livres. — Claude-Alexis Colleson, lieutenant de la justice et mairie, à 134 livres 1 sou 6 deniers. — Alexis Colleson, à 120 l. 5 s. 9 d. — Denis Herluison, à 118 l. 10 s. 3 d. — J.-B. Galley, à 104 l. 6 s. — J.-B. Morial, à 94 l. 4 s. 9 d. — Jacques Charton, à 94 l. 2 s. 9 d. — Pierre Domino, à 86 l. 10 s. — François Menuelle, à 86 l. 10 s. — Jacques Galley, à 84 l. 2 s. 9 d. — J.-B. Jacquinot, à 81 l. 4 s. 6 d. — Jean Galley, à 71 l. 3 s. 6 d. — Jacques Belleuvre, à 64 l. 3 s. 9 d. — La communauté de Vallant, à 38 l. 11 s. — M. le chevalier de Droupt-St-Basle

s'appelait Jeanne Emonin. — Philibert Emonin, décédé à Vallant en 1730, était allié à la famille du Bourg, seigneurs de Blives et de Malauzat, dont une branche habitait Vallant. — Reg. de la paroisse. — Mémoires de Maurepas, t. I, p. 168. Paris, 1791.

est exempt pour 47 arpents de prés et 45 arpents d'étang (moitié de l'étang de Bury) et 200 arpents de terres [1].

Vingtième. — A la taille et à la capitation s'ajoutait encore le vingtième, autre impôt établi sur les biens-fonds. D'abord égal à la vingtième partie du revenu, il s'aggrava comme tous les autres impôts ; sous Louis XV on payait un vingtième, en 1748 ; on en paya un second en 1756 ; un troisième en 1763. Les nobles et les prêtres étaient aussi exempts de ce droit.

Aides et Gabelles. — Les impôts indirects étaient encore loin de ménager les campagnes, ils étaient multipliés et excessifs. Les aides, que représentent nos impôts indirects, compliqués à l'infini, augmentaient dans une proportion considérable la valeur première des productions du sol : les vins, les grains, etc.

L'impôt sur le sel, l'odieuse gabelle, était plus tyrannique encore. Le consommateur n'avait pas la faculté de se priver de sel, chaque personne âgée de plus de dix ans, que sa provision fut épuisée ou non, en devait, tous les trois mois, prendre six livres au grenier de sa gabelle, c'était là ce qu'on appelait « *sel de pot et salière* ». Le chef de famille était contraint par corps d'en payer le prix. Au xviiie siècle, le sel a valu jusqu'à 25 sous la livre.

Les habitants de Vallant devaient se pourvoir chez le *saulnier* de Villacerf et non ailleurs. Le curé, le lieutenant de justice, le procureur-syndic et le greffier restèrent exempts de la gabelle jusqu'en 1704.

Jurée. Gruerie. Corvée. Milice. — Parmi les autres impôts indirects, mentionnons seulement les droits de *jurée* qui frappaient les biens-fonds et les personnes ; ceux de *gruerie* payés par les chasseurs et les pêcheurs ; la *corvée royale* qui se multipliait à l'infini pour l'entretien des grandes routes dites *chemins du roi*, et enfin la *milice* qui n'exemptait que les nobles et les gens d'Eglise. Il y avait bien le tirage au sort comme aujourd'hui, mais avait-on un gros numéro, c'était peu de chose, la faveur forçait souvent d'épuiser la liste. On pouvait être requis jusqu'à 40 ans si l'on ne se mariait.

Juridictions. — Pour toutes les questions d'administration, de tailles et d'impôts, Vallant dépendait de la généralité de Châlons et était soumis à la juridiction de l'élection de Troyes qui jugeait toutes les affaires en première instance, moins toutefois celles concernant les aides, gabelles, jurée et gruerie qui ressortissaient du bailliage de Sens. On a vu qu'en matière de jurée et de gruerie le maître des eaux et forêts de Sens se transportait chaque année à Ste-Syre pour y entendre les habitants de Vallant et autres villages dont le chapitre de Saint-Pierre était seigneur [2].

1. Arch. de l'Aube. C. 1952 et 1953.
2. Coutume de Sens rédigée en 1555. Procès-verbal de rédaction.

CHAPITRE HUITIÈME

Etat-Civil

§ I. — La Communauté de Vallant.

Dès l'établissement de la Mairie, les habitants de Vallant purent choisir des délégués chargés de régir la communauté et de soutenir ses intérêts vis-à-vis du Maire qui représentait l'autorité des seigneurs. L'administration municipale fut confiée à un syndic élu à la pluralité des suffrages dans une assemblée générale des habitants tenue à la principale porte de l'église, au sortir de la messe, le premier dimanche de mai. Ce syndic était assisté d'un conseil également électif au sein duquel on appelait, dans les circonstances importantes, les habitants les plus notables.

En 1702, Louis XIV créa au profit de la couronne, dans chaque paroisse de la généralité de Champagne, un office de syndic perpétuel dont la charge héréditaire pouvait être acquise par les seigneurs. La même année les receveurs de la généralité reconnaissent avoir reçu comptant de MM. du Chapitre de Troyes, pourvu de l'office de syndic perpétuel de la paroisse de Vallant, « la somme de 20 livres pour les 2 sous
« par livre de celle de 200 livres, prix d'acquisition dudit of-
« fice, pour par lesdits seigneurs remplir les fonctions exercées
« jusqu'alors par les syndics électifs de ladite paroisse, avec
« exemption du logement des gens de guerre, collectes, tu-
« telles, curatelles et nomination à icelles, corvées, guet et
« gardes et autres charges publiques, du paiement de la
« taille, du service de la milice et de l'attribution de 13 livres
« 6 sols, dont 10 livres 15 sols 1 denier portés au rôle, avec
« faculté par lesdits seigneurs de commettre pour l'exercice
« de l'office pour jouir, celui commis, de tous les privilèges
« et exemptions. »

Jean Moriat, laboureur à Vallant, choisi par les seigneurs, promit de bien et fidèlement exercer ces fonctions pendant le temps qu'il plaira à MM. du Chapitre[1].

Dans la suite, les habitants eurent de nouveau la faculté de choisir et d'élire leur syndic. Ce magistrat fut d'abord élu pour l'année, mais il pouvait être réélu l'année suivante. En 1780, les habitants de Vallant ayant demandé au subdélégué de l'intendance, le maintien pour une troisième année de François Menuelle, leur syndic, se virent renvoyer de leur demande, les réglements défendant aux syndics d'exercer trois années de suite.

Le 26 août 1787, les habitants de Vallant se réunissaient à

----

1. Arch. de l'Aube, fs. de St-Pierre, G. 1247.

l'effet d'élire trois membres et un syndic qui, avec le seigneur et le curé devaient composer l'assemblée municipale conformément à une ordonnance royale du mois de juin précédent ; Jean-Baptiste Moriat, Jacques Galley et Claude Jacquinot obtinrent la majorité des suffrages et Claude-Alexis Colleson fut élu à la charge de syndic [1].

Cette assemblée subsista jusqu'en janvier 1790, époque où elle fut remplacée par la *municipalité*, composée d'un *maire*, de deux *officiers municipaux*, de deux *notables* et d'un *secrétaire-greffier*.

Syndics :

1671, Nicolas Galley ; — 1688, Jacques Choiselat ; — 1691, Pierre Domino ; — 1696, Pierre Moriat ; — 1702, Jean Moréat, syndic perpétuel ; — 1708, Pierre Herluison, syndic perpétuel ; — 1714, Claude Collet ; — 1755, Pierre Michelin ; — 1778, André Hostelin ; — 1780, François Menuelle ; — 1782, A. Collet ; — 1785, Nicolas Jacquinot ; — 1787, Claude-Alexis Colleson ; — 1789, Jacques Galley.

§ II. — Les Pâtures communes de Vallant et d'Orvilliers.

L'exercice du droit de pâture commun entre Vallant et Orvilliers a été pendant longtemps la cause de graves dissensions et de procès entre les habitants des deux communautés.

Primitivement, ces villages ne formaient, comme nous l'avons dit, qu'une seule seigneurie. Lors de la séparation des paroisses, les seigneurs n'avaient pas voulu que les habitants d'Orvilliers, placés sur un lieu élevé et à plus de six kilomètres de la Seine, fussent privés des pâturages indispensables à l'élevage de leurs bestiaux ; ils leur avaient laissé, indivisément avec ceux de Vallant, l'entière possession des pâtures situées sur la rive droite de la Seine.

Dans la suite, les gens de Vallant ne virent pas sans jalousie des étrangers traverser leur territoire pour partager avec eux le produit des pâtures qu'ils regardaient comme leur propriété exclusive. Dans les années 1671 et 1696, ils firent défense à leurs bateliers de passer le troupeau et le pâtre d'Orvilliers. Un rapprochement s'étant fait entre les deux paroisses, elles convinrent, par acte passé en 1710, devant Colleson, notaire à Vallant, de mettre en réserve et de louer à profits communs une partie des pâtures ; mais bientôt, refusant d'exécuter cette convention, les habitants de Vallant renouvelèrent leurs prohibitions vis-à-vis du pâtre d'Orvilliers. De là assignation, puis sentence du subdélégué de Troyes donnant défaut contre la communauté de Vallant, avec injonction au syndic de comparaître à jour fixe sous peine de dépens et dommages-intérêts.

Les habitants de Vallant, ayant constitué Pierre Hugot-le-Jeune, leur procureur, il fut dressé procès-verbal des dires et contestations des parties. Mais maître Hugot, en habile procu-

---

1. Arch. de l'Aube, C. 1953.

reur qu'il était, afin de retarder l'affaire le plus longtemps possible, conserva la minute du procès-verbal, de sorte que les habitants d'Orvilliers n'en pouvant avoir l'expédition, ceux de Vallant continuèrent à jouir seuls des pâtures. Plusieurs d'entre eux, parmi lesquels le sieur de Mauny, gentilhomme, se livrèrent à des voies de fait et à des actes de violence contre le pâtre d'Orvilliers et autres personnes commises à la garde des bestiaux ; ils allèrent même jusqu'à menacer les pêcheurs de briser leurs nacelles et de les jeter eux-mêmes à la rivière s'ils passaient les gens d'Orvilliers. Un jour, qu'ils avaient ainsi empêché le pâtre de traverser la rivière pour suivre son troupeau, les bestiaux, demeurés sans garde, causèrent des dégâts dans des champs d'orges avoisinant les pâtures ; se faisant eux-mêmes justice, les gens de Vallant, mirent aussitôt en fourrière deux des meilleures vaches pour répondre du dommage, mais le subdélégué, saisi de l'affaire, ordonna la restitution des bestiaux confisqués et enjoignit aux habitants de laisser les gens d'Orvilliers jouir avec eux des patures suivant l'ancien usage et en en partageant les produits.

On obéit, pour le moment, mais en 1718 et 1743 les mêmes difficultés se représentèrent et l'intendant de Champagne dut contraindre les habitants de Vallant, en les menaçant cette fois du partage des pâtures, « à laisser jouir les habitants d'Orvilliers, conjointement avec eux, des pâtures communes, et à faire passer et repasser sur la Seine, le pâtre et le troupeau d'Orvilliers, moyennant le paiement par ces derniers d'une somme de douze livres par année. ».

La tranquillité de nouveau rétablie, les deux paroisses, sont autorisées en 1755 à mettre en réserve trois pièces des pâtures pour être vendues à profits communs ; dix ans après, en 1765, nous les voyons même se liguer pour résister à certaines entreprises des seigneurs sur leurs pâtures ; un laboureur de chaque communauté fut chargé de régler à l'amiable cette difficulté et de vendre aux enchères un lot de peupliers plantés sur les dites terres.

C'était là, de la part des habitants de Vallant, reconnaître publiquement les droits de co-propriété des habitants d'Orvilliers; quoiqu'il en soit, les difficultés aplanies avec le chapitre, ils renouvelèrent contre ceux-ci leurs actes d'hostilités et leurs défenses; ils firent même couper et enlever, à leur seul profit, les arbres qu'ils venaient de déclarer devoir être exploités dans l'intérêt commun. Traduite à raison de ces faits devant la maîtrise de Sens, par les habitants d'Orvilliers qui demandaient la moitié du prix des arbres abattus et le partage des pâtures indivises, la communauté de Vallant, se déclara cette fois positivement. Elle prétendit avoir seule la propriété des terres et prés de son territoire, « *la jouissance des habitants d'Orvilliers ne prenant sa source que dans le droit de parcours autorisé par la coutume de Champagne.* »

Les habitants de Vallant ne furent pas heureux dans leurs prétentions. Une sentence du 12 janvier 1774, les condamna à payer à la communauté d'Orvilliers : 1° *trois cents livres* pour le prix des arbres coupés et enlevés ; 2° *trois cent soixante-quinze livres* pour part dans le prix du loyer des prés ; 3° *cinq cents livres* à titre de dommages-intérêts pour trouble de jouissance ; et, sur la demande en partage, les requérants furent renvoyés à se pouvoir devant le Grand-Maître des Eaux-et-Forêts avec autorisation de jouir jusque-là de la moitié des pâtures.

Statuant sur l'appel de la communauté de Vallant, le Parlement de Paris confirma la décision des premiers juges et ordonna le partage des pâtures (29 avril 1774). La même année, l'assemblée des habitants autorisait son syndic à présenter requête à l'intendant de Champagne afin de pouvoir s'imposer en trois années à partir de 1774, d'une somme de *deux mille sept cent trente-deux livres, quatorze sous, six deniers*, montant des frais laissés par cet arrêt à la charge de la paroisse [1].

Le 17 octobre 1777, une ordonnance du Grand-Maître des Eaux-et-Forêts au département de Paris décida, sur la requête des habitants d'Orvilliers, que par experts choisis dans les deux communautés, sinon nommé d'office par le maître particulier de la maîtrise de Sens, il serait procédé au partage de leurs biens communaux, conformément à l'arrêt du Parlement.

En conséquence, le 10 novembre suivant, les habitants d'Orvilliers « *assemblés de pot en pot et à son de cloche* » à la diligence de Marc Martin, leur syndic, comparurent devant Claude Guerrapin, lieutenant en la justice et mairie d'Orvilliers, et nommèrent pour expert J.-B. Corrard, laboureur à Méry. Ceux de Vallant, mis en demeure d'avoir à désigner aussi leur expert, avaient fait signifier la veille qu'ils appelaient des sentences du Grand-Maître et de la maîtrise de Sens.

L'affaire en cet état traîna quelques années. En somme le résultat de ce procès, qui dura près de vingt ans, fut désastreux pour les habitants de Vallant qui, outre les frais énormes de justice qu'ils eurent à payer, se virent encore débouter de leur appel. Un partage définitif des pâtures fait par le maître particulier des Eaux-et-Forêts de Sens, mit fin à ces longues dissensions en assignant à chacune des deux paroisses sa portion libre et indépendante [2].

Les habitants de Vallant gardèrent longtemps rancune à leurs voisins d'Orvilliers ; ils allèrent jusqu'à les accuser d'avoir cherché à corrompre les agents chargés du partage et de s'être fait, par ce moyen, attribuer la meilleure part dans les pâtures. La chronique rapporte qu'une grosse outarde (appelée dans le pays *biturde*), fut offerte par eux à l'un des

---

1. Arch. de l'Aube, C. 1953.
2. Arch. de l'Aube, G. 1599.

officiers de la maîtrise de Sens. De là le nom de « *Bitards* » sous lequel les Vallantins ont désigné depuis les gens d'Orvilliers.

Disons aussi, pour être juste, que l'esprit de chicane qu'avaient montré les habitants de Vallant·dans ce procès leur avait fait donner plaisamment le nom d'*avocats*.

§ III. — Statistique. Evénements locaux pendant les xviiᵉ et xviiiᵉ siècle.

En 1665, la paroisse de Vallant comptait 62 feux ; — en 1784, 65 feux et 190 communiants [1] ; — en 1787, 72 feux et 406 habitants, dont 6 au hameau de Saint-Georges.

La statistique de 1788 constate :

Pour la population *adulte* : 72 ménages, dont 50 hommes et 50 femmes mariés, 11 veufs, 13 veuves, 16 garçons et 19 filles.

30 laboureurs dont : 20 à une charrue, 1 à une demi-charrue et 3 au-dessous ; — 4 fermiers laboureurs ; — 30 charrues et 7 demi-charrues. — Ce qu'on appelle *la charrue* équivaut à 24 arpents ; on compte en moyenne 2 chevaux par charrue.

80 chevaux, 150 vaches, 700 brebis et 73 porcs.

Le revenu est évalué, par arpent, à 3 livres pour les terres, 12 livres pour les prés et 15 livres pour les chènevières.

Il existe 18 métiers à bas et 12 mécaniques « *auxquels les faiseurs de bas occupent tant de monde que les laboureurs ne peuvent plus faire leurs moissons*[2]. »

Une filature de coton, établie depuis 27 ans, emploie aussi beaucoup de monde et met la rareté parmi les travailleurs [3].

Le passeur-batelier commun touche 26 livres 15 sous, le maître d'école 200 livres.

On se sert de la mesure de Méry ou boisseau qui tient 20 pintes (2 décal. 6 litres 3 décil.), le picotin est le quart de la mesure, la petite-mesure le huitième ; — 16 boisseaux font un setier (7 hect. 4 déc. 85 cent.); 16 setiers font un muid ; la mine est la moitié du setier.

La perche, mesurée à la chaîne, n'est que de 8 pieds, on lui donne au compas 8 pieds 2 pouces (7 cent.) ; — La denrée est de 80 carreaux ou perches carrées (5 ares 63) ; l'arpent comprend 8 denrées (45 ares 04,04).

La fauchée est la mesure des prés, elle contient les trois quarts d'un arpent de terre.

En 1769, le territoire comprenait : 2,709 arpents 73 perches dont : 24 arpents 99 perches en jardins et chènevières ; — 2 arpents 12 perches en bois ; — 3 arpents 96 perches en vignes ; — 30 arpents 26 perches en prés et 2,648 arpents 40 perches

1. Courtalon, topogr., t. III, p. 222.
2. Arch. de l'Aube. — Etats statistiques de la communauté de Vallant, C. 1953.
3. Arch. de l'Aube, C. 1953. Il s'agit d'une filature à bras, elle existait encore au commencement de ce siècle.

en terres labourables. Il n'y avait pas de terres incultes. Les seigneurs, qui ne faisaient rien valoir par eux-mêmes, percevaient la dîme sur tout le finage [1].

Les évènements locaux, à partir du xvᵉ siècle, peuvent présenter quelque intérêt. Les guerres de religion sont funestes au pays de Vallant. En 1568, le conseil de Troyes redoutant l'arrivée du prince de Condé, décide que si l'armée calviniste arrive à quatre journées de marche de la ville, on rompra tous les ponts de la Seine, au nombre desquels le *pont de Vallant*. Ces prescriptions ne furent pas exécutées, l'armée ne se présenta pas [2].

En 1573, des bandes armées parcourent le pays ; Vallant et Orvilliers, paient une somme de 400 livres au régiment de Boucherolles, cantonné à Villemaur, qui menaçait de pillage. Après s'être vus contraints d'aliéner une grande partie de leurs biens usagers pour le paiement des tailles qu'augmentaient sans cesse les charges de guerre, les habitants de Vallant et des pays voisins durent en 1576 abandonner leurs villages et fuir devant l'armée du duc d'Alençon, du prince de Condé et de leurs a hérents ; pour échapper à la brutalité des soldats, les femmes et les enfants se réfugièrent à Troyes où régnait alors une telle disette que la plupart d'entre eux vécurent d'herbes et de racines ; il en mourut un grand nombre. Pendant ce temps la campagne fut livrée au pillage de ces armées, auxquelles vinrent se joindre les Reïtres et les Suisses sous les ordres du duc Jean-Casimir, Orvilliers resta inhabité pendant trois mois. En 1581, trois régiments passent la Seine à Méry et viennent loger à Vallant et à Orvilliers, ils y séjournèrent une quinzaine de jours pendant lesquels les soldats « *se mirent à ravager le bonhomme par volleries, pilleries, batures, rançons et aultres inhumanitez.* » Orvilliers avait dû déjà racheter moyennant 200 livres, ses vases sacrés enlevés par le régiment de Boucherolles le 2 février 1580 [3].

En 1637, Vallant et Orvilliers, occupés par les gens de guerre, vendent à M. de Droupt, moyennant 980 livres, seize arpents des pâtures pour subvenir aux frais de ce séjour Les mêmes charges leur incombèrent dans les années suivantes et les soldats indisciplinés se livraient à toutes sortes d'excès et de violences. Les habitants portèrent plaintes à leurs seigneurs et, en 1643, le 6 mars, deux chanoines sont délégués pour aller voir « Monsieur l'Intendant, de passage à Troyes,

---

1. Arch. de l'Aube, C. 1953.

2. Boutiot, Troyes et la Champ. Mérid. t. III, p. 615. — Dans le lit de la Seine, au nord du village de Vallant, lieudit « *la culée du Pont* » on remarque encore que ques piquets, derniers vestiges d'un pont qui dut autrefois s'aligner sur un vieux chemin de Droupt à Vallant. Ce chemin, aujourd'hui en état de culture, était connu sous le nom de *chemin des Romains.*

3. Boutiot, hist. de Troyes et de la Champagne Mérid., t. III, p. 70 et suiv. — Mém. manusc. du Temps.

et lui remontrer les dommages et les vexations que font les
les gens d'armes sur la terre de Vallant [1]. »

Après l'incendie de Méry, du 10 janvier 1746, Vallart devint de nouveau le passage ordinaire des troupes ; le logement
des soldats et le transport du matériel de guerre étaient de
lourdes charges pour les habitants qui, depuis longtemps, en
avaient été exonérés. Au mois d'août 1759, ils réclamèrent à
l'intendance, mais leur demande fut rejetée. En 1769 ils sont
imposées à 737 livres pour le *quartier d'hiver* ou logement des
troupes pendant cette saison. En 1788, les comptes du syndic de
la paroisse constatent encore le paiement de 13 livres 5 sous,
pour bois, paille et chandelles, fournis à quatre régiments lors
de leur passage [2].

Au mois de juillet 1701, la grêle anéantit une partie des récoltes. Le lieutenant de la justice de Vallant, Claude Colson,
dressa procès-verbal des dégâts ; la perte fut estimée : pour
les froments à 7 setiers et mine ; pour les blés et les seigles,
les moins maltraités, à 35 boisseaux ; pour les orges à 11 setiers et mine et pour les avoines à 40 setiers [3].

En 1788, le syndic constate qu'en mai et juin cinq cents arpents de terres furent inondés et que la prairie « qui s'est
trouvée noyée » a fait perdre 77 vaches [4].

---

1. Arch. de l'Aube, fs. de St-Pierre, G. 1299.
2. Arch de l'Aube, C. 1952 et 1953.
3. Arch. de l'Aube, fs. de St-Pierre, G. 1247.
4. Arch. de l'Aube, C. 1953,

CHAPITRE NEUVIÈME

Etat Religieux

§ I. — Cure et Fabrique. — Revenus. — Eglise Saint-Julien.

Au spirituel, Vallant dépendait du doyenné de Marigny, de l'archiprêtré et du diocèse de Troyes. Le curé était à la nomination du chapitre de la cathédrale, droit qui lui avait été conféré par une charte de l'évêque Manassés II, en 1184.

L'Evêque y avait droit de visite et procuration, c'est-à-dire que le curé devait loger et nourrir l'évêque et sa suite, leur procurer tout ce qui leur était nécessaire, lorsque ce prélat faisait sa visite dans la paroisse.

Autrefois les lits des clercs bénéficiers, morts intestats, revenaient de droit à l'évêché. Les comptes de l'évêché de Troyes pour les années 1427 et 1438 font mention de remises de ce genre après le décès de *Jean Hanot* et de *Jean Blanche*, curés de Vallant [1].

Au XIVe siècle, nos rois pour faire face aux frais de guerre, établirent l'impôt sur le revenu ; cette nouvelle contribution, sous le nom d'*Aide*, fut imposée aux nobles et aux gens d'église. Dans le compte de l'aide accordée au roi Charles VI par le clergé du diocèse, pour l'année 1381, le curé de Vallant est imposé à XX sous, soit environ 49 francs de notre monnaie actuelle. Il est encore taxé à la même somme dans le rôle des dîmes ecclésiastiques envoyé le 22 mars 1457, au doyen de la chrétienté de Marigny, d'après l'ordre du pape, « *pour la défense de la foy contre les perfides Turcs* [2]. »

D'après le Pouillé du diocèse dressé en 1407, le revenu de la cure de Vallant était, à cette époque, de 21 livres 10 sous, (soit environ 1,050 francs de notre monnaie). En 1728, il était évalué, moins le casuel, à 417 livres 12 sous; le pouillé de 1754, porte ce revenu à 600 livres.

Un acte du 15 novembre 1566, relatif au *gros* où revenu fixe du curé, porte : « *que le curé de Vallant et ses sucesseurs prendront sur le gros de dîmes, 2 setiers de froment, 9 de seigle, 1 d'orge et 8 d'avoine; qu'ils jouiront également des menues-dîmes et choisiront, par chacun an, deux agneaux dans la dîme des agneaux, le surplus appartenant à MM. du chapitre auxquels le curé, par reconnaissance de droit de patronage, paiera une redevance annuelle de 30 sols tournois.* » Ce droit qu'on appelait aussi « *droit de pension,* » est encore affirmé en 1632, par le curé Pierre Férillon, qui reconnait devoir annuellement au chapitre, la même somme de trente sous « *à*

---

1. Arch. de l'Aube, G. 289 et 298.
2. Arch. de l'Aube. fs. de St-Pierre, G. 1247.

prendre sur chacun ou tous les revenus de la cure au jour du Grand-Cène[1]. »

Les dîmes novales appartenaient aussi au curé ; elles produisirent 46 livres en 1728, 100 livres en 1786 et 60 livres en 1788 [2].

Une grave contestation s'était élevée au sujet de ces novales que le curé *Jean Bélu* prétendait lever sur le territoire de St-Georges. L'affaire alla jusqu'en Parlement, mais en 1750, une transaction précisa les héritages sur lesquels le curé pourrait exercer son droit ; Me Jean Bélu, auquel le chapitre n'avait reconnu jusque-là que la qualité de « *Vicaire de Vallant* » put prendre dès lors le titre de curé [3].

Voici quels étaient les revenus de la cure en 1728 :

1º Un gros consistant en 2 setiers de froment, 9 setiers de du seigle, 5 setiers d'orge, et 8 setiers d'avoine évalués à. 299ˡ 12ˢ

2º Les menues et vertes dîmes évaluées à. . . . . 20 »

3º Cinq arpents de terres et trois quartiers de prés, évalués à. . . . . 13 »

4º Trois quartiers de vieilles vignes, avec quatre ou cinq seaux de raisins, évalués à. . . . . 6 »

5º Les novales produisant cinq setiers d'avoine évalués à. . . . . 46 »

6º Obits et fondations. . . . . 33 »

Total. 417ˡ 12ˢ

Le curé ne touchait pas de casuel en 1786 [4], il possédait 15 arpents de terres sur le finage et jouissait en outre, avec les novales, des biens de la cure consistant en 8 arpents 3/4 de terres, d'un enclos et de 24 setiers, pour son gros par moitié seigle et avoine, le tout exempt de la taille et du vingtième. Il était également exempt de la gabelle et du logement des gens de guerre [5].

En 1728, les revenus de la *Fabrique de l'Eglise* étaient des plus modestes :

1º Environ 30 arpents de terres à Vallant et finages voisins affermés . . . . 70ˡ »

2º Un autre fermage d'environ 21 arpents. . . . . 54 »

3º Deux pièces de pré en labours affermées. . . . 9 »

4º Un billet de liquidation de la somme de 300 livres portant intérêts à 2 pour cent. . . . . 6 »

Total des Revenus. . . . . . . 139ˡ »

1. M. d'Arbois de Jubainville. Pouillé du diocèse de Troyes. — Pièces justif. A. 238 et L. 41.
2. Arch. de l'Aube, C. 1952.
3. Arch. de l'Aube, G. 1247.
4. Arch. de l'Aube, G. 948.
5. Arch. de l'Aube, C. 1952.

Sur cette somme, la Fabrique payait :

Au curé pour acquitter les fondations......... 33 »
Au maître d'école........................ 20 »
Pour le luminaire........................ 25 »

Total des charges........... 78[1] »[1]

En 1786 elle possédait 62 arpents de terre, d'un revenu de 155 livres et seulement 54 arpents en 1788.

Eglise Saint-Julien.

L'*Eglise de Vallant*, monument du XIIe siècle, placé sous le vocable de Saint-Julien, a pour second patron Saint-Georges depuis la suppression du prieuré de ce nom. Elle est construite sur un plan en forme de croix latine. Sa longueur totale est de 27 mètres 50 centimètres et sa largeur au transept de 19 mètres 40 centimètres.

La nef n'est pas voûtée ; elle est seulement recouverte d'un plancher au-dessous duquel apparaissent les poutres ; sa longueur est de 6 mètres 10 cent., sa hauteur, jusqu'au plafond est de 7 mètres et jusqu'à la sous-faîte, autrefois apparente, de 10 mètres 50 cent. Il existait une nef collatérale au sud dans laquelle on pénétrait par des arcades hautes de 3 mètres 20 cent., aujourd'hui murées, et surmontées de petites fenêtres plein cintre également murées. La nef est terminée à l'ouest par un pignon dans lequel s'ouvre un portail plein cintre à colonnettes sans chapiteau [2] .

Le transept qui comprend une travée, est accompagné de collatéraux qui forment les branches de la croix latine et dans lesquels sont placées deux chapelles. En 1691, lorsque le chapitre voulut réparer ces chapelles, il fit sommation aux habitants d'avoir à faire, en même temps, les réparations nécessaires à la nef, mais ceux-ci refusèrent par le motif que le chapitre, en sa qualité de gros décimateur de la paroisse, était obligé non-seulement aux grosses et menues réparations du chœur et du cancel de l'église, mais encore des deux chapelles qui en dépendaient. Un procès s'ensuivit et il y a lieu de croire que les habitants durent, bon gré mal gré, participer aux travaux exécutés [3].

Les voûtes du chœur et du transept datent du XVIe siècle ; la retombée se fait sur des colonnes cylindriques à chapiteau à tailloir polygonal sans ornement ; l'une des clés de voûte est aux armes du chapitre, celle du chœur porte l'empreinte des trois fleurs de lys de France.

Les nervures saillantes et de forme arrondie de la voûte du sanctuaire terminées à leur intersection par une petite rosace, indiquent une construction du XIIIe siècle. Avant 1793, les fe-

1. Arch. de l'Aube, G. 948.
2. M. d'Arbois de Jubainville, Répert. archéol. de l'Aube, p. 22.
3. Arch. de l'Aube, fs. de St-Pierre, G. 1247.

nêtres étaient garnies de vitraux dont il reste seulement quelques vestiges.

Le mur nord a été percé de grandes fenêtres au commencement du xiiie siècle ainsi que d'un grand portail plein cintre semblable à celui qui ferme la nef ; ce portail, qui s'ouvrait sur l'une des branches du transept et conduisait au presbytère, a été muré à la fin du siècle dernier.

Une grande fenêtre à meneaux existe dans le mur sud. Le chevet de l'église est plat et percé de deux fenêtres à arc brisé.

Le clocher, placé à l'extrémité orientale de la nef, au-devant du transept, les bas-côtés, les arcs-doubleaux et le pignon ouest ont été reconstruits dans la seconde moitié du xviiie siècle.

La dépense totale de la recontruction du clocher, faite dans les années 1753 et 1754 [1] s'éleva à 1,521 livres 10 sous, sur laquelle somme 600 livres furent payées par la fabrique, 80 livres par le syndic de la paroisse, 48 livres 5 sous avec le produit de la vente des vieux bois et les 793 livres 5 sous restant, au moyen de la moitié du prix de l'adjudication des pâtures communes avec Orvilliers et mises à cet effet en réserve pendant six ans, sur l'autorisation de M. de Barberie, intendant de Champagne.

On lit dans les comptes présentés par le syndic de Vallant pour l'année 1778 :

« Payé 200 livres au couvreur pour remontage du coq, cou-
« verture entière du clocher et de partie des bas côtés et four-
« nitures d'ardoises et autres choses nécessaires. »

« Payé à Brejet, 600 livres pour reconstruction du pignon
« de l'église, des bas-côtés et des arcs doubleaux ainsi que
« pour fournitures de pierres dures et de pierres de taille [2]. »

La cloche, fondue en 1788, en même temps que deux autres disparues à l'époque de la Révolution, fut baptisée le 29 août de la même année [3] :

Elle porte l'inscription suivante :

« L'an 1788, j'ay esté bénite par Mre Edme-Pierre Colin,

---

1. « Le clocher de l'église fut rebâti tout à neuf la présente année 1753 et couvert d'ardoises l'année 1754. » Note du curé Jean Bélu sur le registre de la paroisse de 1753.
Sur l'une des deux poutres superposées, qui traversent la nef et soutiennent la charpente du clocher, on lit :

Moi B. BELV CURÉ
1753
Le 4 O.
FAIT PAR I. B. LORIN

Sur l'autre poutre :

M. R. ESTIENNE
M. E. GENEVOIS
1663. I. SEP.

Cette dernière date doit se rapporter à une réparation, soit du plancher de la nef, soit du clocher.
2. Arch. de l'Aube, C. 1953.
3. Arch. municipales de Vallant, registre de la paroisse, 1788.

« curé de Vallant, doyen du doyenné de Marigny. J'ay pour
« parrain M. Jacqves Galley, membre de la municipalité, et
« pour marraine, dame Anne Beslin, épouse du Sr Denis Her-
« luison, P^r fiscal qvi m'ont nommée Anne-Charlotte-Amélie-
« C.-A -Colson, syndic mvnicipal, Victoire Bourrier, son
« épouse et C.-A.-Colson, leur fils, — A. Collet et A. Moriat,
« marg^{rs}. — Les Henryot, nous ont fait. »

Le rétable en bois, qui forme le fond du sanctuaire, est de
la fin du xviie siècle ; les deux autels latéraux paraissent être
de la même date. Le tableau du maître-autel représente Saint-
Georges terrassant le dragon. il est tout moderne. La statue
équestre de Saint-Georges et celle de Saint-Jean, toutes deux
en pierre, proviennent de l'ancien prieuré de Saint-Georges.

Nous signalons particulièrement aux amateurs de sculpture,
un beau groupe en marbre blanc d'un seul bloc artistement
travaillé et qui, à en juger par le costume des personnages qui
le composent, paraît dater du xve siècle.

Il se compose de quatre personnages : une sainte femme et
le Christ au premier plan. deux anges au second plan. La
sainte femme, les mains jointes sur un livre ouvert, est age-
nouillée aux pieds du Christ qui, debout, appuyé sur un bâton
surmonté d'un chapiteau et d'une banderolle en oriflamme,
étend la main vers elle et semble la bénir. Un élégant autel,
orné de guirlandes de fleurs supporte, sur un pupitre, le livre
ouvert ; sur l'une des faces est sculpté en relief le mono-
gramme du Christ dans une couronne. Le costume de cette
femme est à peu près celui des religieuses : revêtue d'une robe
traînante, sa tête est recouverte d'un long voile qui retombe
en arrière avec une bordure à franges. La chevelure du Christ
se partage au milieu du front, sa tunique, ouverte sur la poi-
trine, descend seulement au-dessus du genou. L'ange de
droite joue du rebec, instrument favori des ménestrels, l'autre
touche de l'orgue à main : tous deux semblent vouloir rendre
comme un écho des célestes concerts.

Les détails de ce ravissant petit chef-d'œuvre sont finement
exécutés ; les statues amplement drapées et rehaussées d'ornements dorés, que le temps a altérés. présentent un ensemble
qui ne manque pas d'élégance ni d'originalité.

Il y a quelques années, le sol de l'église était encore parse-
mé de carreaux émaillés du commencement du xvie siècle, les
uns semés de fleurs de lys avec la légende : « *Vive le Roi.* »
D'autres figurant des ornements de la Renaissance avec ces
mots répétés aux quatre angles : « *C'est mon plaisyr,* » qui
étaient la devise de François Ier ; d'autres montrant un écusson
avec le soleil et la lune affrontés en chef et un maillet en
pointe. entouré de ces mots : « *Toujours seront clémens.* »
La première syllabe de ce dernier mot étant représenté par
une *clé*[1]. Ces carreaux dont le dessin s'effaçait de jour en

---

1. Des échantillons de ces carreaux ont été déposés au Musée de Troyes.
Séance de la Société académ. de l'Aube du 16 février 1877.

jour devaient faire autrefois partie du pavage du chœur et du sanctuaire.

. Sur le mur nord extérieur à droite du portail muré, on a tracé l'inscription suivante :

« *Il y a eu un cher tems, en les deux années de* 1693 *et* 1694,
« *le vetebo de froment a vallu* 3, 4, 5, 6, 18; *et le seigle* 40 *et*
« 50. (Signé) : Vedot* [1]*. »

Plus proche du même portail, on lit deux vers latins en forme de sentence :

> « *Peracta voluntas faciendi*
> « *Pro opere repvtalvr facti.* 1589.
> « V. Perrin. »

Au nord de l'église se trouvait le presbytère vendu en 1796. comme propriété nationale. Il avait été construit par un sieur Tresnard, charpentier à Troyes, suivant procès-verbal d'adjudication du 17 mars 1759, moyennant la somme fixée au devis, de 3,740 livres [2].

§ II. — Les Curés de Vallant.

Les archives de l'Aube et les registres paroissiaux nous ont conservé les noms suivants :

1217. — Giroud (Giroudus), l'un des bienfaiteurs de l'hospice Saint-Nicolas de Troyes.

1380. — Simon d'Origny, grand chambrier du chapitre de Troyes.

1427. — Jean Hanot. Il est indiqué cette année parmi les clercs décédés, *ab intestat*, dont les lits reviennent de droit à l'évêque.

1395 à 1438. — Jean Blanche, successivement chanoine de Saint-Etienne de Troyes, puis chanoine et sous-chantre de l'église Saint-Pierre. Il décéda le 3 septembre 1438 étant encore curé de Vallant.

Ce chanoine paraît avoir été fort riche ; l'inventaire fait après son décès constate un somptueux mobilier : robes de draps avec fourrures de renards ou d'agneaux, hanaps de madre garnis d'argent, un orgue portatif à main enchassé de bois prisé LX sols tournois ; un autre orgue « *estant oudit jubé* « *d'icelle église Sainct-Pierre prisé VIII l. t.* »

L'extrait de l'inventaire de sa bibliothèque comprend : « ung « livre d'omelies prisé V sols tournois ; item ung roman de la « Rose prisé X s. t.; item, ung livre appelé Ovide prisé V s. t.;

---

1. Courtalon. Topogr. t. Ier, p. 212, dit que cette année 1693 fut appelée « *l'année du cher temps,* » les pluies et les brouillards durant tout l'été, avaient nuit beaucoup aux récoltes.

2. Arch. de l'Aube, C. 1953. — Le 9 germinal an IV (9 mars 1796) le presbytère fut adjugé avec ses dépendances (1 arp. 40 cordes), à Antoine-Marie Chevallier, déjà acquéreur du prieuré de St-Georges, moyennant le prix de 1,215 livres 6 sous. — Arch. de l'Aube. Vente des biens du clergé.

« item, une partie des gloses du doctrinal, de pappier escript
« ou cul: *blance-monacus*, prisé II s, VI d. t. ; item, ung livre
« en pappier qui se encommence : Romant de Sapience prisé
« XX d. t. ; item, la vie des Pères prisée XX s. t. ; item, ung
« livre tout neuf de gramaire metrifié prisé XX s. t. ; item,
« cinq quayers de parchemin escripts contenant la légende de
« Sainct-Savinien et celle de Madame Saincte-Syre, prisé
« XV s. t.[1] »

. . . .

1632. — Pierre Férillon.

1638. — Jacques Bouvillon. Dans les anciens titres on
trouve l'indication de la *ruelle Bouvillon*, placée entre le
prieuré de Saint-Georges et le *chemin des Chevaliers*.

1670-1696 — Jean Party En 1686, il reçut le testament
de son paroissien Georges Millet de Saint-Georges. A cette
époque Pierre Bernodat, prêtre et bachelier en théologie,
habite Vallant et y célèbre souvent l'office.

1696-1705. — Pierre Charles.

1705-1719. — Claude Semillard, seigneur viager de Vallant.

1719-1743. — Charles Ingrand, ancien curé de Saint-
Mesmin.

1743-1746. — Le R. P. François Raison, religieux-corde-
lier, dessert provisoirement la paroisse ; il assiste à une béné-
diction de cloches en 1743.

1746-1757. — Jean-Baptiste Bélu.

1757-1790. — Pierre - Edme Collin, curé de Vallant et
doyen de la chrétienté de Marigny ; décédé à Vallant le 22
octobre 1790, âgé de 66 ans.

1790-179 . — J.-B -Laurent Collin, neveu du précédent,
exerça son ministère jusqu'à la Révolution.

Après le Concordat, le 10 avril 1803, M. J.-B. Guilbert, fut
nommé à la cure de Vallant, décédé en 1804, il avait été remplacé, sans doute pour cause de maladie, par l'abbé Lefebvre,
dès le 20 mai 1803 (arch. de l'évêché de Troyes).

§ III. — Registres de la Paroisse.

Les registres de la paroisse sont les plus anciens documents
conservés aux archives municipales. Le premier de ces registres date de 1670.

Entre autres faits locaux ils constatent ceux suivants :

24 juin 1681. — Baptème de Claude, fils de Messire François de la Croix, chevalier, et de dame Jeanne du Bourg, sa
femme, demeurant à Vallant. Le parrain est Mre Claude de la
Croix, chevalier, vicomte de Brugny, seigneur de Trichecour-
Vandier ; la marraine, dame Françoise Jacquinot, femme de

____

1. Arch. de l'Aube, G. 2289, 2290.

Mre Jean du Bourg, chevalier, seigneur de Blives, de Malauzat et d'Argilliers en partie.

7 juin 1683. — Décès de Messire François de la Croix,
inhumé dans l'église.

7 août 1686. — Testament de Georges Millet, laboureur à
Saint-Georges, reçu par le curé Jean Party au profit de l'église
de Vallant [1].

30 août 1702. — Mariage de Charles de Mauny, écuyer,
sieur de la Thésorie, fils de Claude de Mauny, écuyer, et de
dame Jeanne de Braule, de la paroisse d'Auxon, avec demoiselle Catherine de la Rue, veuve d'Armand de Lespinon,
écuyer, de la paroisse d'Ervy.

23 février 1705. — Décès de vénérable et discrète personne
Mre Pierre Charles, curé de Vallant, inhumé dans l'église.

21 février 1707. — Baptême d'Alexandre Charles, fils de
Mre Charles de Mauny, écuyer, et de demoiselle Catherine de la
Rue ; — parrain : Mre Alexandre du Bourg, chevalier, seigneur
de Blives, lieutenant au régiment de Poitou ; — marraine :
Marie-Anne de Renard.

24 janvier 1708. — Mariage entre messire Edme - Edmond
Le Paulle, écuyer, seigneur de Villemoron et autres lieux, et
demoiselle Marie de la Rue, fille de défunt Alexandre de la
Rue, écuyer, seigneur de *Montly?* et d'Argilliers et de Marie
du Bourg.

Même date. — Mariage entre Mre Louis de Braule, écuyer,
seigneur de Villemoron, fils de François-Maurice de Braule,
seigneur de Villemoron, et demoiselle Madeleine de la Rue,
aussi fille dudit Alexandre de la Rue. — Témoins des deux
mariages : Mrs Charles de Mauny, écuyer ; Alexandre du
Bourg, chevalier, seigneur de Blives, lieutenant au régiment

1. Le septième jour du moi d'aoust mil six cens quatre-vingt six, Georges Millet, laboureur, demeurant à Saint-George, paroisse de Vallans se
voiant dangereusement malade, neanmoins fort sein desperist et ayant bône
cognoisance pour mettre oidre à ses affaires en dernière volonté a recom-
mandé son âme à Dieu et ayans demandé et requis Mre Jean Party, ptre,
curé de Vallans, la prié de rédiger son testament par escript, ce qui lui
a esté accordé en presence de Mr Charles Duchat, procureur fiscal et Louis
Millet, laboureur et Pierre Justice qui ont signé la déclaration dudit Millet,
testateur, ainsi quille sen suit :

« Item. — Un arpan de terre à la voie d'Eschemine, tenant d'une part à
Madame Guillaume et d'autre part à Madame Guillaume, d'un bout à la voie
d'Eschemines et d'autre bout avec retour à Colet, lequel champt est laissé
par ledit Georges Millet, testateur, à l'église de Vallans moyennant annuellement une messe à perpétuité, laquelle messe se dira annuellement le
jour que ledit sieur Millet sera décédé sur quoy il sera donné à M^r^ le curé
qui aura célébré laditte messe basse et libera la somme de unze sols.

« Lequelle lais ayant esté leu et relue en presence dudit testateur, a dit
qu'il voulait que la teneur fut exécutée dans la force et qu'il donnait plain
pouvoir d'agir pour cela a Mr Jean Party, ptre, curé de Vallans d'agir ainsi
qu'il ce trouverait bon, ce qui a esté accordé. Faite en presence desd. témoins qui ont signé et quante audit Millet, testateur, a déclaré ne sçavoir
signer. Faite les an et jour que dessus.

« (Signé) : L. Millet, P. Justice, C. Duchat et Party. »

de Poitou ; Dominique de Liège, chevalier, seigneur de......
et de Baubard, écuyer, seigneur de la.....

1630. — Prescription au curé par le lieutenant général au bailliage de Sens, de publier de trois mois en trois mois, l'édit du roi Henri II au sujet des filles et femmes qui « cèlent leur grossesse, » et de certifier ces publications sur les registres de la paroisse.

26 décembre 1730. — Décès de messire Philibert Emonin, ancien payeur des rentes de l'hôtel de ville de Paris et capitaine général d'artillerie, inhumé dans la chapelle de la Vierge, en présence de messires Alexandre du Bourg, chevalier, seigneur de Blives, de Jean-Baptiste du Bourg, aussi chevalier et de Me Giles de Caux, contrôleur général des fermes du Roi à Troyes [1].

17 janvier 1738. — Décès de Jeanne Huguier, épouse de Me Nicolas Devienne, maître chirurgien à Vallant. Elle était fille de Me Nicolas Huguier, substitut du procureur du roi au bailliage de Méry et notaire royal audit lieu.

12 janvier 1743. — Décès de Me Charles Ingrand, curé de Vallant, inhumé devant le crucifix.

18 août 1743. — Baptême d'une cloche, en présence de messire Nicolas Berthelin, chanoine, député par MM. les vénérables doyen et chapitre de l'église Saint-Pierre de Troyes, seigneurs de Vallant. Elle a été nommée *Barbe*, par le sieur Jean Moriat, procureur fiscal en la justice de Vallant et par damoiselle Barbe Dereins, épouse du sieur Nicolas de Mauroy, lieutenant en la même justice.

8 février 1744. — Décès de messire Jean - Baptiste du Bourg, chevalier, seigneur de Malauzat, demeurant à Vallant, âgé de 51 ans.

11 février 1744. — Mariage entre Edme Millard, huissier audiencier à la juridiction consulaire de Troyes, fils de Claude Millard, huissier à verges au Châtelet de Paris, et demoiselle Gabrielle Barbe de Mauroy, fille de maître Nicolas de Mauroy « *lieutenant ès justices de Vallens et Orvilliers* » et de dame Barbe Dereins.

15 février 1756. — Décès de Nicolas de Mauroy, lieutenant des justices et mairies de Vallant et d'Orvilliers.

15 juillet 1767. — Visite pastorale de Msr Claude-Mathias-Joseph de Barral, évèque de Troyes, abbé, comte d'Aurillac, conseiller du Roi en tous ses conseils : « Vu par nous en cours de visitte le 15 juillet 1767 (signé) : C. M. J. Ev. de Troyes; par Monseigneur (signé) : Bottot.»

29 août 1788. — Baptême de trois cloches. La première a été nommée *Marie-Charlotte-Amélie*, par Jacques Galley et Anne Belin ; — la seconde, *Marie-Aimable-Catherine*, par Jean-Baptiste Moriat et Catherine Mahon ; — et la troisème,

1. Sur les familles de La Croix, du Bourg et Emonin, voir la note du chapitre VII des droits du Roi.

Françoise-Adélaïde, par Jean-Baptiste Galley et Marie-Anne-Marguerite Herluison.

22 octobre 1790. — Décès de Me Pierre-Edme Collin, ancien curé de Vallant et doyen de la chrestienté de Marigny, inhumé dans le cimetière le 24, en présence de Mᵉ J.-B. Laurent Collin, son neveu, curé de Vallant.

D'après ces actes, les familles nobles de la Croix, du Bourg, de la Rue, de Mauny, habitaient Vallant aux xviiᵉ et xviiiᵉ siècles.

Les familles les plus nombreuses étaient au xviiᵉ siècle, celles de : Galley, Moriat, Souty, Domino, Justice, Colleson, Millet, Othelin, Fenodot, Menuelle, Garnier, Payen, Champignolle, Jacquinot, Duchat, Cotot et Platet.

Du 25 février 1670 au 4 décembre 1672, on compte :

	baptêmes	mariages	décès
	20	6	11
En 1692,	4	2	7
En 1705,	11	»	5
En 1734,	14	3	6
En 1740,	6	5	11
En 1750,	10	5	11
En 1760,	14	»	15
En 1770,	9	6	3
En 1780,	10	2	9
En 1790,	13	4	14

CHAPITRE DIXIEME

Fief de Bury

§ I. — L'abbaye de Notre-Dame-aux-Nonnains de Troyes. — Les dîmes de Mesgrigny et de Bury. — La Grange et l'Etang de Bury.

L'abbaye de Notre-Dame-aux-Nonnains de Troyes était déjà célèbre, parmi les communautés religieuses, par sa richesse et sa puissance et par les nombreux privilèges dont disposait son abbesse, lorsqu'en 1104, le comte Hugues de Champagne lui fit donation des terres de *Mesgrigny* et de *Bury*, dans la paroisse de Châtres.

L'abbesse était dame souveraine et haute justiciaire dans ses domaines, et prélevait, en cette qualité, les dîmes de Mesgrigny et de Bury. Une charte de Robert, évêque de Troyes, datée de 1243, constate l'accord par lequel le curé de Châtres renonce au droit qu'il prétendait sur le tiers des dîmes de Mesgrigny et la Grange de Bury, *Grangie de Buriaco*, et, moyennant cette renonciation, les religieuses de Notre-Dame lui délaissent la troisième partie des menues dîmes de Mesgrigny, à la charge de leur payer 5 sous de pension chaque année aux octaves de la Résurrection[1].

En 1245, semblable accord eut lieu entre l'abbesse Adélaïde de Villehardouin et les prieurs de Grandmont et de Macheret qui, eux aussi, réclamaient le quart des mêmes dîmes : il fut convenu que les prieurs renonçant à leurs droits, recevraient en compensation trois mesures de blé, *mesure de Méry*, c'est-à-dire 3 setiers de froment, 8 de seigle, 7 d'orge et 18 d'avoine, provenant soit de la Grange de Mesgrigny, soit de la Grange de Bury, *Granchia que dicitur Buri*[2].

La comtesse Blanche de Navarre, veuve du comte Thibaut III et régente de Champagne pour son fils Thibaut IV, à laquelle Méry et ses environs avaient été assignés comme douaire, possédait, à Vallant et à Mesgrigny, des terres sur lesquelles en 1223, elle fit creuser un étang. Le chapitre de Saint-Pierre de Troyes, se croyant lésé dans ses droits de justice et de pâturage qu'il prétendait sur les mêmes terres, s'opposa violemment à cette entreprise : la comtesse exigea réparation immédiate du dommage causé et les parties, pour faire cesser tout litige, convinrent de s'en rapporter, sous peine de 100 livres d'amende, à l'arbitrage de Robert, doyen

---

1. Arch. de l'Aube, fs. de Notre-Dame-aux-Nonnains. Bibl. nat. fs. Latin 11,926, f. 30 r.

2. Arch. de l'Aube, fs. de Notre-Dame-aux-Nonnains. Bibl. nat. fs. Latin 11,926, folios 302, r. et 303 v.

du chapitre de Saint-Pierre et du doyen de Saint-Etienne de Troyes [1].

Après la mort de Blanche, l'étang fit retour au domaine du comte. En 1270, au moment de partir pour la Croisade avec Saint-Louis, son beau-père, Thibaut IV, roi de Navarre et comte de Champagne, céda à l'abbaye de Notre-Dame, la propriété de cet étang, « situé entre la Seine et la grange de *Burei*, appartenant à ladite abbaye [2]; » il amortit en même temps toutes les acquisitions faites jusqu'alors par les religieuses, à la charge par elles de faire célébrer, à perpétuité dans leur église, l'anniversaire de son père, de sa mère, le sien et celui d'Isabelle, sa femme. La charte donnée à Clairvaux, le lendemain de Pâques (14 avril 1270), est rapportée dans un vidimus du roi Philippe-le-Long, datée du mardi après la Saint-Martin de 1319 [3] *.

L'étang et ses dépendances furent donnés à bail pour 12 années à partir du 1er avril 1359, par l'abbesse *Beatrix de Laude*, à Mre Flamant de Laude, son frère, archidiacre de Troyes, moyennant « *dix deniers d'or à l'écu du coin du Roi par chacun an* [4]. »

Le 20 septembre 1455, l'abbesse *Isabeau de Neuville*, cède à *Jean de Mesgrigny*, écuyer, seigneur de Fontaine et de Poussey, « receveur des aides en l'élection de Troyes, pour le Roi notre Sire, » moyennant 60 sols tournois de rentes et 5 deniers de censives, payables à la Saint-Remy, « *un étang appelé l'étang de Bury, assis et situé au finage de Mesgrigny… Item, une osche de terre située entre ledit étang et le moulin de l'abbesse.* » Cette vente reçoit l'autorisation de l'évêque au mois d'août 1456 *.

Moyennant une redevance d'avoine qu'ils servaient à l'abbaye, les habitants de Vallant, de Saint-Georges, de Mesgrigny et d'Orvilliers avaient droit de faire paturer leurs bestiaux dans l'étang « le long du fil de l'eau. » En 1396, un jugement du bailly de Troyes, leur avait défendu de faire aucun dégat dans l'étang, où les bestiaux ne devaient entrer et paturer « *qu'entre la Chaussée et l'Orme de Bury* *. »

Dans la suite, Jean de Mesgrigny ayant voulu restreindre ce droit de paturage, les habitants réclamèrent ; le bailly de Troyes vint sur les lieux : il y tint ses assises le 20 novembre 1470 et rendit son jugement*. Une transaction mit fin au

---

1. Bibl. nat. fs. Latin 5993, A. f. 422, v°. Coll. de Colbert, t. III, 118-119, vol. 61.

2. Situm inter grangiam dictarum monialium dictam de Burci, et inter ripparium Sequane prope dictam grangiam. Arch. de l'Aube, fs. de Notre-Dame-aux-Nonnains. Origin. Bibl. nat. Latin 11,926, f° 338, v°.

3. Arch. de l'Aube, fs. de Notre-Dame-aux-Nonnains.

* Nous avons désigné par un astérisque les titres ou copies de titres qui nous ont été communiqués par M. Amand Pédet, ancien maire de Vallant-Saint-Georges, propriétaire actuel de l'Étang de Bury.

4. Arch. de l'Aube, fs. de Notre-Dame-aux-Nonnains, Invent. de 1712.

litige. Par contrat passé le 29 juillet 1471, devant Jean Lutel et Giles Naudin, notaires à Troyes, Jean de Mesgrigny reconnut aux communautés de Saint-Georges, Vallant, Mesgrigny et Orvilliers, le droit « *de jouir et user, dès maintenant et à toujours perpétuellement,* » des parcours et paturages de leurs bestiaux dans l'étang et à y couper même des « *glas* » dans la saison convenable, mais sans pouvoir y mener aucun pourceau. De leur côté les habitants desdits villages s'obligèrent à payer annuellement à Jean de Mesgrigny et à ses successeurs, le jour de la Saint-Martin d'hiver, un boisseau d'avoine par chaque ménage et un demi-boisseau par demi-ménage, c'est-à-dire par veuf ou veuve [1]*.

Cette rente d'avoine fut perçue jusqu'en 1843 par les propriétaires successifs de l'étang.

Nous voyons dans la suite l'étang passer en diverses mains, à la charge, toujours par les possesseurs, des mêmes redevances envers l'abbaye.

En 1520, il est possédé indivisément par Jean Corrard, Jean le Tartrier, drapier, bourgeois de Troyes, et Jean Lamy qui, en 1529, cèdent leurs droits à Pierre Collet. Dans une instance suivie au parlement de Paris, en 1572, contre l'abbaye de Notre-Dame, Claude Collet, fils du précédent, est qualifié « *d'écuyer, sieur de Buri* [2]. » En 1592, Antoine Collet, sieur de Bury, est élu échevin de la ville de Troyes.

L'étang fut saisi judiciairement en 1645 sur la succession de Baptiste Michel et adjugé par sentence du bailliage de Méry, le 28 décembre de la même année, au profit de Jean le Taillandier.

Le 5 août 1659, Jean le Taillandier « *propriétaire du fief de Bury, consistant en 99 arpents à Vallant et à Mesgrigny,* » est taxé à 500 livres pour droits d'affranchissement et d'amortissement dudit fief [3]*.

Dans un contrat de mariage du 30 mai 1660, entre Jean du Pavé, seigneur du Plessis et demoiselle Anne Mauroy, veuve de noble homme Jean le Taillandier, il appert que l'étang de Bury a été donné pour 5,000 livres et qu'il rapporte 300 livres de revenu *.

Jean du Pavé vendit l'étang en 1665 aux sieurs Moinac et Perrin qui, dès 1669 le rétrocédèrent à Elisabeth Reverend, veuve de Jacques Hurlot, laquelle eut pour héritières Madeleine des Martins, femme d'Alezin Charpentier et Agnès des Martins, ses nièces *.

En 1726, Louis Veydeau de Grandmont, chevalier, et dame Agnès-Antoinette Charpentier, sa femme, vendent l'étang à François de Chambault, écuyer, secrétaire du roi, maison et couronne de France et de ses finances, et à François-Jacques

---

1. Les habitants de Vallant cités dans cette instance sont : Jean Jacquotot Guillaume Tabouré, Jean Tabillon, Jean le Vachat, Jacques Domino, etc.
2. Arch. de l'Aube, fs. de Notre-Dame-aux-Nonnains.
3. Arch. de l'Aube, fs. de Notre-Dame-aux-Nonnains.

de Chambault, son fils, écuyer, seigneur de Tortépée et commissaire provincial de l'artillerie de France.

Par suite de partage, l'étang resta à François de Chambault qui, en 1741, l'abandonna à Louise de Chambault, sa fille. (Actes devant Berruyer, notaire à Paris des 18 septembre 1726, 5 février 1731 et 16 juin 1741 *).

Enfin en 1769, Pierre Frédy, chevalier, seigneur de Coubertin, conseiller du roi en sa cour des aides et dame Marie-Louise de Chambault, sa femme, cèdent ledit étang, moyennant 11,000 livres, à messire Etienne-Paul de Chavaudon, chevalier de Sainte-Maure, seigneur de Droupt-Saint-Basle, Nogent-le-Neuf, le Petit-Vitry, des bois de Creney, de la Grange-Rouge et autres lieux, chevalier de Saint-Louis, ancien capitaine au régiment colonel-général-dragons.

A raison de cette acquisition, M. de Chavaudon s'oblige à payer à l'abbaye de Notre-Dame, 3 livres de rente foncière et 5 deniers de cencives grevant ledit étang *. En 1788, le syndic de Vallant constatait que le chevalier de Droupt-Saint-Bâle, possédait dans la paroisse la moitié de l'étang de Bury, soit 45 arpents, faisant la séparation du finage de Vallant d'avec celui de Mesgrigny [1].

Vers 1806, l'étang était loué moyennant 350 francs par an et 25 carpes au choix par chaque pêche. Le droit de parcours dû en avoine par les habitants de Vallant-Saint-Georges, Mesgrigny et Orvilliers était évalué de 135 à 150 francs. La coupe des émondes de saules, peupliers et aunelles, produisait en moyenne 100 francs par année *.

En cette année 1806, l'étang mis en vente par Etienne-Paul-Guillaume de Chavaudon de Sainte - Maure, était adjugé, moyennant 9,000 francs à Jean-Claude Blaise (acte Thomas, notaire à Méry du 2 septembre 1806). En 1819, les habitants de Vallant plaidaient contre ledit Blaise qui, en retenant l'eau de son étang, avait inondé les champs et causé du dommage *. Les héritiers Blaise revendirent cet étang à MM. Hubert et Mirez, propriétaires à Méry, (acte Thomas, notaire à Méry du 12 août 1832).

Les nouveaux propriétaires, aussitôt leur acquisition, déclarèrent aux communes intéressées, leur intention de mettre l'étang en état de culture et, sur leur opposition, ils formèrent contre ces communes une demande tendant à que cet étang soit affranchi des droits d'usage, moyennant indemnité ou cession de terrain.

Par actes des 31 janvier, 2 et 14 juin 1843 devant Mes Aveline, notaire à Méry et Lenfant, notaire à Romilly, les communes de Vallant, Mesgrigny et Orvilliers renoncèrent, par transaction à leurs droits d'usage dans l'étang. Mesgrigny et Orvilliers reçurent chacune 1,600 francs à titre d'indemnité,

1. Arch. de l'Aube, C. 1953.

Vallant, comprenant l'ancien village de Saint-Georges, auquel les mêmes droits avaient été autrefois concédés, reçut 3,000 francs [1].

Pendant les plaidoiries, l'étang était devenu la possession indivise de MM. Pierre Leclère et Jean-Baptiste-Honoré Pédet ; ses enfants en devinrent seuls propriétaires par acte devant M° Aveline, notaire à Méry, du 8 juin 1854.

L'étang de Bury, possédé actuellement par M. Armand Pédet et Mme veuve Nicole, sa sœur, a été rendu en grande partie à l'agriculture en 1852 à la suite du desséchement ; les nombreuses sources qui l'alimentaient, tombent aujourd'hui dans un canal de décharge qui passe dans la prairie de Mesgrigny, traverse la route de la Belle-Etoile à Lesmont et va se mêler, à Châtres, au *Fossé-Vert*, qui se perd lui-même dans la rivière du Moulin. On y faisait autrefois de fructueuses pêches de carpes, d'anguilles, de perches et de tanches.

§ II. — Les Moulins de l'Abbesse.

Fortes de leurs étranges priviléges et habituées à résister à toute autorité, nous trouvons souvent les religieuses de Notre-Dame en contestation avec leurs voisins, les chanoines seigneurs de Vallant.

En 1240, elles avaient déjà établi un moulin sur un bras de la Seine baignant les terres du chapitre. Un acte latin du mois de novembre de la même année, nous apprend que MM. du chapitre étant sur le point d'entrer en procès avec les religieuses et abbesse de Notre-Dame, au sujet de la *rivière du Moulin*, déclarèrent accepter l'arbitrage d'Odon, chanoine de St-Pierre, et d'Etienne, chanoine de St-Etienne. A la faveur des arbitres, les parties transigèrent et un compromis réglementa « *le cours des eaux et chaussées de Vallant et saulcée plantée* [2]. »

Peu après, de nouvelles difficultés survinrent. Dans l'intérêt de leur moulin, les religieuses cherchaient encore à détourner les eaux de la Seine. Sur les doléances du chapitre, Charles VI déclara, par lettres du 19 avril 1392, que les chanoines de St-Pierre, *étant seuls seigneurs du lieu*, la rivière de Seine aurait son ancien cours, malgré les prétentions des religieuses de l'abbaye de Notre-Dame-aux-Nonnains [3]. En 1395, par suite d'une transaction, les religieuses purent conserver la décharge établie sur la Seine, à la condition d'y placer « *cer-*
« *taines aiguilles ou quelques planches toutes les fois que les*
« *eaux seraient basses et que les moulins de l'abbesse auraient*
« *besoin d'eau, pour icelles planches ôter et lever quand elles*

---

1. Ces 3,000 francs ont servi à l'établissement du pont de bois sur la Seine, au lieudit le Gué des Aulnes.

2. Arch. de l'Aube. Fonds de St.-Pierre, G. 1247. — Fonds de Notre-Dame-aux-Nonnains.

3. Arch. de l'Aube. Fonds de St-Pierre, G. 1247.

« *jugeraient à propos, excepté quand les pêcheurs et habitants*
« *de Vallant voudraient passer en nacelles pour monter ou*
« *descendre l'eau* ». Il fut stipulé, en outre, que les religieuses
feraient faire deux vannes de décharge sur la *Rivière du Mou-*
lin, où elles avaient droit d'édifier un moulin ou autre édi-
fice à leur volonté ; enfin qu'elles prendraient partout et quand
il leur plairait, des gazons dans les pâtures de Vallant pour la
retenue, réparation et ouvrages de leurs chaussée, décharge,
écluse et moulin [1].

Déjà un arrêt des *Grands-Jours* de Troyes, du 2 octobre
1376, avait réglé le cours de cette rivière du côté de Méry, sur
la demande intentée par *Jean Blanchet,* secrétaire du roi, baron de Méry, qui avouait : « *tenir en fief de révérend père en*
« *Dieu, Monsieur l'évêque de Troyes, à cause de son évêché,*
« *les grands moulins de Méry... Item, la garenne et la pêche*
« *de la rivière de Seine, de lesdits moulins jusqu'aux moulins*
« *l'Abbesse-de-lez-Vallant et de la rivière Cunot, de Cul-*
« *not et rivière de Roffé, ainsi comme elle se comporte* [2]. » Les
rives étaient rompues ou en mauvais état, l'eau se perdait, les
moulins de Méry en souffraient. Les religieuses et leur fer-
mière, *Guillemette,* veuve de *Jean,* écuyer de *Vallant,* furent
condamnées aux réparations des rives et des chaussées bor-
dant et dirigeant les eaux, depuis les moulins de Vallant, *a mo-*
lendinis de Valentio, des doyen et chapitre de Troyes, jusqu'aux moulins des religieuses, appelés moulins de l'Abbesse,
nuncupata molendina Abbatisse [3].

Ce moulin paraît avoir été en partie détruit pendant la
guerre des Anglais. Par acte du 23 décembre 1493, les religieuses de Notre-Dame donnent « *à titre d'arentissement et*
d'emphytéolise », à MM. de St-Pierre, moyennant une rente
annuelle de 6 livres tournois, « *un sault de molin scilué et as-*
« *sis en la paroisse, justice et finage de Valens, appelé com-*
« *munèment le molin l'Abbesse, où jadis soulait avoir molins*
« *à bleds et de présent n'y a qu'un molin à bled seulement qui*
« *n'est du tout rédifié, avec et ensemble les jardins, mazures,*
« *isles, droits, aisances et apartenances d'ycelui* [4]. »

En 1608, le moulin avait complétement disparu et le 2 juillet
de la même année, l'abbesse Louise de Dinteville, vendait à
Nicolas de Donelle, moyennant 75 livres, les masures, jardins
et terres en dépendant sur la paroisse de Vallant [5]. L'empla-

<hr>

1. Arch. de l'Aube. Fonds de St-Pierre, G. 1247.
2. Arch. de l'Aube. Fonds de Notre-Dame-aux-Nonnains. — Dans son
aveu de 1357, Pierre de Droit, baron de Méry, reconnaissait déjà tenir du
même prélat : ... « *La moitié des moulins de Méry ; item, la rivière des-*
dits moulins jusqu'au moulin l'Abbesse. Ces deux déclarations indiqueraient
que le moulin l'Abbesse était situé à l'entrée de la *Rivière du Moulin,* près
l'écluse.
3. Arch. de l'Aube. Fonds de Notre-Dame-aux-Nonnains.
4. Arch. de l'Aube. Fonds de St-Pierre, G. 1247, et fonds de Notre-Dame-
aux-Nonnains.
5. Arch. de l'Aube. Fonds de Notre-Dame-aux-Nonnains.

cement de ce moulin était, en 1679, la possession de François
le Bossu, baron de Méry, qui déclarait tenir de l'évêque de
Troyes « *le droit de fief, chasse et pêche sur le grand canal*
« *de la rivière, à prendre depuis l'écluse des moulins, située*
« *proche Vallant, auquel lieu il y avait autrefois des moulins*
« *à blé qui ont été brûlés, dont la place lui appartient avec les*
« *aisances, vannes et chaussées* [1]. »

Jean de Roffé, écuyer, seigneur de Suitteaux, intentait en
1525, au Parlement de Paris, un procès contre les habitants de
Vallant qui, sans doute mécontents de ses procédés, avaient
démoli cette écluse à main armée [2]. On voyait encore, en 1840,
à l'entrée du bois des *Monts*, des pièces de bois fichées qui
avaient servi à l'établissement de cette écluse [3].

Le 18 juillet 1791, l'abbaye de Notre-Dame possédait encore
90 arpents de terres en labours, 2 arpents de prés, bois et
broussailles sur Vallant, et 2 arpents de bois sur le finage de
Méry, qui furent vendus comme biens nationaux, moyennant
11,900 livres, à Jean-Baptiste Menuelle, de Vallant [4].

§ III. — La Légende de l'Etang.

Dans tous les temps, le monde surnaturel a piqué la curiosité publique ; aussi les récits de nos aïeux sont-ils remplis
d'apparitions toujours singulières ou effrayantes, dans les
quelles le diable ou les revenants jouent un rôle considérable.

La chronique veut qu'à quelques pas du chemin de Vallant à Mesgrigny, à cent mètres de l'étang de Bury, il existait
autrefois un *couvent* dit de Notre-Dame. On rapporte que
toujours à minuit, une *Dame blanche* venait visiter les ruines
de ce couvent ; parfois aussi des nonnes vêtues de blanc, se
rassemblaient à la même heure au bois de l'Epinay, entre l'é-
tang et la Rivière du Moulin ; là, autour d'un grand feu, elles
se livraient à de joyeuses danses, mais, sitôt qu'un léger bruit
se faisait entendre, elles disparaissaient instantanément.

D'autrefois, toujours vers minuit, de grands diables, disait-
on, faisaient rapidement le tour de l'étang dans un carrosse
traîné par quatre chevaux blancs. Malheur au voyageur qu'ils
rencontraient, ils ne manquaient pas de l'entraîner dans
quelque sabbat au milieu des bois ou le faisaient noyer dans
l'étang. La nuit de l'Avent, c'étaient encore les *Culards*, autre genre de diables, qui apparaissaient et couraient sus au
pauvre voyageur attardé pour le noyer dans les eaux de l'é-
tang. Aussi, dans la crainte de semblables apparitions, l'homme
le plus hardi ne pouvait se défendre d'une certaine frayeur en

---

1. Arch. de l'Aube. Fonds de l'évêché. — Ce canal, dérivé de la Seine,
à 1 kilomètre de Vallant, est encore appelé aujourd'hui : *Rivière du Moulin*,
2. Arch. de l'Aube. Fonds de St-Pierre, G. 1946.
3. M. Hariot. Recherches sur le canton de Méry, Mémoires de la Société
académique de l'Aube, 1863, p. 243.
4. Arch. de l'Aube. Vente des biens nationaux.

franchissant ces lieux hantés par les revenants ; d'aucuns même hésitaient à s'aventurer nuitamment dans ces parages.

Nous avons dit, en nous appuyant sur des documents certains, que Bury formait autrefois avec Mesgrigny une dépendance de la paroisse de Châtres. Dans plusieurs endroits de l'étang, le sol est rempli de matériaux et, du côté de la Belle-Etoile, on trouve des traces de substructions dans un terrain qui a conservé le nom de *Vieux-Château*, et était autrefois entouré d'un large fossé. Quant au couvent de Notre-Dame, nul doute qu'il n'ait jamais existé. L'abbaye de Notre-Dame-aux-Nonnains de Troyes ne possédait autour de l'étang qu'un moulin et divers bâtiments pour l'exploitation de sa culture ; mais il n'est pas invraisemblable de penser que l'abbesse y avait aussi, à certaine époque, une maison de plaisance, sorte de joyeux rendez-vous où les nobles chanoinesses dont au dire d'un évêque du xve siècle, le luxe et la conduite étaient peu en rapport avec l'austérité chrétienne, venaient de temps à autre se reposer des fatigues de la ville et retremper leur ferveur, en essayant des plaisirs champêtres. Peut-être le souvenir de leurs bruyantes fêtes s'est-il ainsi conservé jusqu'à nous. Grâce à nos grands-mères, nous aurions l'explication de la légende des *Dames blanches* qui, sans doute, avaient quelqu'intérêt d'abuser de la crédulité publique à l'endroit des revenants, des diables et des culards, pour contraindre la curiosité parfois indiscrète des bons habitants du pays.

CHAPITRE ONZIEME.

Le prieuré de Saint-Georges en Gaonnay

§ I. — Fondation du prieuré. — Donation d'une prébende à la cathédrale de Troyes. — Contestations au sujet de cette prébende.

Le prieuré de Saint-Georges-en-Gaonnay, *Sanctus Georgius in Gannayo*[1], ordre de Saint-Augustin, fut fondé vers la fin du XIe siècle à l'endroit où s'élevait déjà une chapelle qui, dans l'origine, dut marquer la sépulture d'un chef gaulois, peut-être même de Théodoric, roi des Visigoths, tué en cet endroit en combattant l'armée d'Attila.

Le nom de *Saint-Georges*, patron des vainqueurs et protecteur des guerriers, et celui de *Gaonnay* qui, comme nous l'avons dit, signifie emporter par la force, à la pointe de l'épée, semblent bien à l'appui de cette hypothèse.

On croit que vers le milieu du Ve siècle, les chanoines de Saint-Pierre de Troyes, devenus seigneurs spirituels et temporels du domaine de Vallant, construisirent, à leurs frais, cette chapelle et qu'ils la dédièrent à Saint-Georges, en action de grâces de la défaite des Huns et de la délivrance du pays.

En 1089, les vénérables doyen et chapitre de l'église de Saint-Pierre, cédant aux sollicitations de dom *Yves*, abbé de Saint-Quentin de Beauvais, autorisèrent, dans leur chapelle de Saint-Georges, l'établissement d'une communauté de moines qui, tout en reconnaissant tenir son bien des libéralités du chapitre, conserva la règle de l'abbaye de Saint-Quentin, sous la direction de l'abbé de ce monastère. La charte de fondation fut dressée en présence du chapitre et de dom Yves, par Philippe, évêque de Troyes[2], et, en 1093, le pape Urbain II confirmait l'abbaye dans ses biens au nombre desquels « sont compris et ajoutés... l'église de Saint-Georges au diocèse de Troyes, avec ses dépendances[3]. »

A peine installée, la discorde se met déjà dans la communauté ; l'intervention de l'évêque Philippe est nécessaire et,

---

1. Différentes formes du nom de Saint-Georges, d'après les documents consultés :

Fratres Sancti Georgii, 1090, Camusat, *Promptuarium* ; — *Sanctus Georgius*, 1204, Arch. nation., inv. et documents, tome I, p. 272 ; — *Prior de Sancto Georgio quia Cardinalis de mendo*, 1381, Compte de l'aide accordée au roi Charles VI ; — *Prior de Sancto Georgio, de Sancto Quintino de Belvacensis*, 1407. Pouillé du diocèse de Troyes ; — *Sanctus Georgius de Gannay*, 1497. bulle du pape Alexandre VI ; — *Saint-Georges-de-Gonnay*, 1662, Chopin, Traité de la police ecclésiastique ; — *Prioratus S. Georgii de Gannaio*, XVIIIe siècle, pouillé ; — *Sanctus Georgius de Ganaio, de Gannayo*. *Saint-Georges-en-Gaonnay*, *Saint-Georges de Gannaie*, XVIIIe siècle, Courtalon, topographie ; — *Sanctus Georgius in Gannayo*, *Saint-Georges-en-Gaonnay*, XVIIIe siècle, Grosley, Mémoires.

2. Camuzat, *Promptuarium*, folios 117-118.

3. Arch. de l'Oise. Fonds de Saint-Quentin de Beauvais.

dom Yves, devenu évêque de Chartres, remercie ce prélat de ce qu'il avait apaisé les différends survenus entre le prieur de Saint-Georges et ses moines.

C'était alors l'époque des prodiges et des miracles. Après avoir échappé aux terreurs de l'an 1000, à la crainte de la mort et de la damnation éternelle, le peuple eut peur du démon et négligea ses travaux pour les pèlerinages. Le nouveau prieuré fut bientôt en grande réputation dans la contrée ; une année s'était à peine écoulée depuis sa fondation que les saintes reliques qu'on y exposait à la vénération des fidèles, attiraient à Saint-Georges la foule des pèlerins.

Les moines avaient obtenu de l'abbé de Montier-la--Celle, une partie des ossements des saints Mélain et Bobin, évêques de Troyes, qu'il venait de trouver confondus dans une châsse de son monastère. Ils possédaient aussi du bienheureux saint Georges quelques reliques, sans doute détachées du bras qui se trouvait alors à la cathédrale de Troyes. Ces reliques faisaient des miracles, guérissaient les fiévreux et les rachitiques, et leur vertu devint telle qu'en 1090, l'évêque Philippe « *ayant jugé nécessaire de se concilier au ciel pour patron* « *saint Georges, dont il avait plu à Dieu de rendre l'Église* « *illustre par plusieurs miracles* », assigna au prieuré une prébende entière et perpétuelle dans la cathédrale de Troyes et confirma aux moines la possession de l'église Notre-Dame de Droupt que l'abbaye de Saint-Quentin tenait déjà de ses prédécesseurs [1].

En vertu de cette prébende, le prieur de Saint-Georges avait droit à un siége dans le sanctuaire de l'église cathédrale, et percevait les fruits ou revenus appelés majeurs qui, d'après une ancienne coutume, étaient dus aux chanoines qui assistaient aux matines de Pâques ; il jouissait, en outre, des autres émoluments et des distributions en argent également attribués aux mêmes chanoines.

Cette donation fut confirmée en 1178 par le pape Alexandre III et, par sa bulle datée de Velletri, le 27 février 1183, Lucius III arrêta, sur la demande de l'évêque Manassès, que les seuls abbés de Saint-Loup et de Saint-Martin, les chanoines, les marguilliers-prêtres et le *prieur de Saint-Georges,* seraient seuls admis à célébrer les messes solennelles en l'église Saint-Pierre, c'est-à-dire au grand autel du sanctuaire [2].

La concession de cette prébende, faveur tout à fait exceptionnelle accordée par l'évêque, devait donner lieu, dans la suite, à d'interminables discussions entre le prieur, qui en était titulaire, et le chapitre de Saint-Pierre, toujours jaloux de ses prérogatives.

Une première contestation s'éleva en 1192 au sujet des pe-

1. Camuzat, *Promptuarium,* folios 118-119.
2. ... Et priori S. Georgii, qui habet in ecclesia vestra prebendam. — Camuzat, *Promptuarium,* f° 124.

tites distributions auxquelles prétendait le prieur. L'affaire
alla jusqu'au pape. Maurice de Sully, évêque de Paris, et
Pierre, chantre de la même église, délégués du pontife, ter-
minèrent heureusement le désaccord. Il fut convenu que le
prieur de Saint-Georges paierait seulement 40 sous par an,
au lieu de 100 sous qu'il donnait au chapitre pour l'exercice
de sa prébende ; qu'il recevrait les distributions comme les
autres chanoines, mais qu'il n'aurait droit aux autres menues
distributions que lorsqu'il ferait sa semaine aux solennités de
Noël, de Pâques, de la Pentecôte et de la fête de saint
Pierre.

En 1349, il fut encore arrêté au chapitre que le prieur de
Saint-Georges, « l'un des quarante chanoines chargés du
« service divin et de chanter les heures canoniales, recevrait
« son *gros* comme un chanoine et serait inscrit comme prêtre
« à sa semaine pour la faire à son tour, enfin que, s'il assis-
« tait au chœur, il recevrait, comme les autres, ses distribu-
« tions manuelles [1]. »

En 1592, le prieur Léger Guillaume, ayant élevé la prétention de prendre place et rang après les archidiacres, un procès
s'ensuivit que soutenait encore en 1601, Jean Châlon, l'un de
ses successeurs. Henri III commit le bailli de Troyes à l'effet
d'entendre les témoins dans cette affaire, et une sentence de
la chambre des requêtes du palais, décida, en septembre 1602,
que le prieur de Saint-Georges ne jouirait que des *gros fruits*
et des distributions qui se feraient les jours de Pâques, de la
Pentecôte, de Noël et de Saint-Pierre, et qu'il aurait séance au
chœur du côté gauche entre le dernier chanoine et les chanoines sans prébende [2]. Cette décision était loin de satisfaire le
prieur qui, à force de supplications, obtint encore des lettres
du roi qui commirent MM. du Parlement « pour l'examen
« des faits mentionnés dans la prétention du prieur Jean
« Châlon et juger le procès porté par appel en ladite cour et
« pour que ledit prieur soit maintenu dans le gros d'une pré-
« bende et dans le droit de requérir, généralement et sans di-
minution, tous lesdits gros fruits tant de l'office du cellier
« que de la chambre des deniers et du pain, comme aux au-
« tres gros fruits accordés à ceux qui se trouvent aux matines
« de Pâques. » Enfin, un arrêt du 15 mars 1604, réformant
la première sentence, accueillit en partie les prétentions du
prieur en lui donnant rang et séance avec les autres chanoines.

Le 22 août 1677, jour de l'octave de l'Assomption, une
contestation s'éleva entre le prieur Jean Dièvre et le chanoine
Goëzaud, chantre de la cathédrale, sur la question de savoir

1. Desguerrois. La Saincteté chrétienne, p. 265, 310 et 372. — Courtalon, topogr., p. 223, t. III.
2. Arch. de l'Aube, G. 1251. — Chopin, Traité de la police ecclésiastique, trad. de Tournet, t. IV, p. 154.

si le premier avait ce jour-là droit de porter chape, mais le
chapitre fit défense au chantre « de s'ingérer de suivre l'of-
« fice au *gaude*, attendu que cela n'appartenait qu'au che-
« vescier et non à d'autres, en l'absence du doyen. »

Au xviiie siècle, de nouvelles difficultés furent soulevées
par le prieur Edme-François Gallien qui fit encore ajourner le
chapitre pour « voir dire qu'il serait gardé et maintenu en la
« possession des droits à lui dus pour l'exercice de sa pré-
« bende. » Une transaction homologuée au Parlement de Paris
en 1764, mit fin au litige en fixant définitivement « *la qua-
« lité et la quantité des droits dus au prieur*[1]. »

§ II. — Droits honorifiques. — Possessions et Revenus du Prieur.

Indépendamment des droits et honneurs que leur conférait
leur prébende de chanoine, les prieurs jouissaient de divers
privilèges et revenus, tant à Saint-Georges que dans quelques
paroisses environnantes.

Ils n'étaient tenus que de la moitié des dîmes pour toutes
les terres qu'ils possédaient autour du prieuré. En 1335, le
prieur voulut s'affranchir entièrement de cet impôt pour une
pièce de vigne d'environ deux arpents au lieudit *Chaumont*,
mais le chapitre l'amena bien vite à composition en faisant saisir, en sa qualité de gros décimateur, tout le vin du prieuré ;
le prieur s'obligea à payer annuellement au chapitre cinq sous
tournois par chaque arpent de vigne plantée et pareille somme
pour chaque arpent que lui ou ses successeurs planteraient
dans un lieu où le chapitre jouirait de la moitié des dîmes[2].
Plus tard, en 1406, il disputa encore au chapitre la banalité du
pressoir de Saint-Georges et il ne fallut rien moins qu'un
arrêt du Parlement pour fixer les droits de chacun « touchant
« la possession et saisine de ce pressoir[3].

Le prieur de Saint-Georges dîmait dans la paroisse de *Pars*,
alternativement avec les prieurs de Saint-Hilaire et de Romilly
et l'abbesse d'Andecy[4]. A *Droupt-Saint-Bâle*, il recevait les
dîmes de la neuvième année. Enfin il était gros décimateur à
Droupt-Sainte-Marie, mais il devait un *gros* au curé du lieu ;
en 1788, ces dîmes seules produisirent 1,083 livres et de plus,
le prieur jouissait dans la paroisse de 96 arpents de terres évaluées pour le revenu à 343 livres 10 sous, en 1776, elles
n'avaient produit que 800 livres[5]. A Saint-Georges, il possédait en 1786, la maison du prieuré avec six quartiers de terres
enclos de murs, un *volet* (colombier), 100 arpents de terres et

---

1. Arch. de l'Aube, G. 1251 et 2338. Fonds de Saint-Pierre.
2. Arch. de l'Aube, fs. de Saint-Pierre, G. 1249. — Acte latin du samedi
après la Saint-Nicolas 1335.
3. Arch. de l'Aube, fs. de Saint-Pierre. G. 1247.
4. C'est par erreur que Courtalon, topogr. t. III, p. 203, indique l'ab.
besse du Paraclet.
5. Arch. de l'Aube, Droupt-Sainte-Marie, G. 626 et 1371.

18 arpents de prés donnant un revenu annuel de 429 livres 10 sous.

Le revenu total du prieur, évalué seulement pour la fixation des décimes ecclésiastiques, s'éleva en 1407 à 30 livres tournois ou à environ 1.470 fr. de notre monnaie ; il était de 1.344 en 1730, de 1.798 livres 16 sous en 1750, de 1.344 livres en 1754 [1].

En cette année 1750, le prieur Pierre de la Chasse faisait la déclaration suivante à l'Assemblée générale du clergé de France :

Les biens du prieuré de Saint-Georges consistent en :

1° Un enclos fermé de murailles à Saint-Georges, paroisse de Vallant, dans lequel enclos le prieur à haute, basse et moyenne justice et proche duquel est l'église du Prieuré.

2° Une maison où il y a plusieurs chambres basses et hautes, grenier au-dessus, trois écuries et une grange avec 117 arpents de terres et prés en différentes contrées, tant au finage de *Vallant* que *Saint-Mesmin*, tenus par la veuve Charton pour neuf années à partir de 1746 suivant bail passé devant Jacques Galley, notaire à Vallant, à raison de 320 livres par an.. 320 »

3° Un labourage sis aux finages de *Fontaine-Saint-Georges* et *Saint-Mesmin*, consistant en 69 arpents pris à bail par Edme Berthelin, laboureur audit lieu, passé devant Jacques Galley, notaire à Vallant, le 28 avril 1741, pour trois, six ou neuf années, à raison de 140 livres par an .... 140 »

4° Les grosses dîmes de la paroisse de *Droupt-Sainte-Marie*, données à bail à Charles Touche, Claude et Louis les Bazins dudit lieu, pour neuf années à partir de 1744, moyennant 400 liv. par an.. 400 »

5° Une rente foncière de huit boisseaux d'orge *sur le moulin de Droupt-Sainte-Marie*, estimée, année commune, à raison de 10 sous le boisseau.. 4 »

6° Un labourage sis à *Droupt-Sainte-Marie*, consistant en 71 arpents de terres, loué à Jacques Protat dudit lieu, pour trois, six ou neuf années, à raison de 220 livres par an................. 220 »

7° Un labourage et prés consistant en 90 arpents au finage de la *Grande-Paroisse*, loué à Jean Canlet et Jean Menuel pour neuf années, à raison de 250 livres par an.................... 250 »

8° Une partie des dîmes du finage de *Pars* pour lesquelles il y a quatre décimateurs : le prieur de Saint-Georges, celui de St-Hilaire, celui de Romilly et l'abbesse d'Andecy, louées pour la part du prieur de Saint-Georges, à raison de 300 livres et le *gros* du Curé consistant en 16 setiers, 3 boisseaux et demi de grains, dont ledit prieur est seul tenu, estimé 16 livres ; total 316 livres. 316 »

9° Une pièce de terre à Droupt-Sainte-Marie de 18 ou 20 arpents, louée 100 livres.. 100 »

10° Le *gros de Saint-Pierre de Troyes*, consistant en :

8 boisseaux de froment à 25 sols le bois.. 10 l.		
1 setier de seigle à 15 sols............. 10 l.	32 l. 16 s.	32 16
2 setiers d'avoine à 8 sols............. 12 l. 16		

Nota. — Le chapitre de la cathédrale paie les dîmes du *gros*.

11° Les grosses dîmes du finage de *Droupt-Saint-Bâle* que le prieur perçoit une fois en neuf années fixées à 15 livres par an.. 15 »

Le prieur a pour co-décimateurs les religieux de *Lurivour*, les

A reporter........ 1.797 16

1. Arch. de l'Aube, Pouillés du diocèse de 1407 et 1754. — Vallant-St Georges, G. 948.

Report........ 1.797 16

administrateurs de l'Hospice de Troyes et l'abbesse et les religieuses d'Andecy.

12° Une rente cencive de 20 sols sur 3 arpents de terre à
Saint-Georges, due par Louis Sissou, de Méry, en qualité de
tuteur des enfants mineurs du feu sieur Devienne, laboureur au-
dit lieu... 1 »

Total des revenus du prieur : *mille sept cent quatre vingt-dix-
huit livres seize sols*...................... .... 1.798 16

De laquelle somme à déduire :

1° Décimes ordinaires et extraordinaires........... 343 3

2° Pour l'entretien de l'église du prieuré de St-Georges, qui est très-élevée et exposée à tous les vents et
ouragans, murs, bâtiment, grange, etc.............. 200 »

Nota. Il y a cinq ans le prieur a fait plus de 3,000
livres de réparations en maçonnerie pour les murs du
clos et bâtiments.

3° Pour la semaine que le prieur est obligé de faire
tous les neuf mois à la cathédrale de Troyes........ 15 »

4° Au curé de Vallant, auquel le prieur laisse pour
deux messes par semaine au prieuré de St-Georges,
le luminaire et ornements........................ 55 »

5° La somme de 20 livres pour voyage tous les ans
à Saint-Georges (Pierre de la Chasse habitait Paris)... 20 »

6° Pour l'entretien de l'église de *Droupt-Ste-Marie*,
dessus laquelle il y a une flèche haute de 80 pieds au
moins à la charge du prieur, sur laquelle le tonnerre
tombe fréquemment, estimé au moins par an........ 80 »

7° Pour l'entretien du chœur et du cancel de l'église
de *Pars*, qui est très-considérable, et quoiqu'il y ait
trois autres co-décimateurs........................ 80 »

8° Pour l'entretien de l'église de *Droupt-Saint-
Bâle*, pour la neuvième partie................... 10 »

Total des charges à déduire du revenu : *huit cent
trois livres trois sols*.............................. 803 3   803 3

Reste net au prieur : *neuf cent quatre-vingt-quinze
livres treize sols* [1]............................... 995 13

D'après cette déclaration, le prieur de la Chasse ne venait
guère qu'une fois l'an à Saint-Georges pour y toucher ses fermages. En son absence, le service de la chapelle était fait
moyennant rémunération par le curé de Vallant.

Ordinairement « *la recepte générale du revenu du prieuré* »
était louée à des receveurs qui percevaient une partie des
dîmes et sous-louaient le surplus ainsi que les terres et autres
droits appartenant au prieur. En 1655, Jean Dubled, bourgeois
de Troyes « *admodiateur général du revenu dudit prieuré* »
fit déclaration, pour le prieur Jean Dièvre, lors de l'établissement d'un nouveau terrier de la seigneurie de Vallant [2]. En

---

1. Arch. de l'Aube, G. 948. Par erreur d'addition les revenus du prieur
sont fixés dans cet état à 1.782 livres 16 sous et les dépenses à 813 livres
3 sous.

1. Arch. de l'Aube, G. 1490, terrier de Vallant.

1672, Antoine Collet, laboureur à Saint-Georges, remplaçait Jean Dubled dans la même charge.

Par lettres patentes du 28 février 1788, le roi Louis XVI ordonna l'extinction et la suppression du prieuré de St-Georges-en-Gaonnay et en réunit les droits et biens, d'un revenu annuel de 4,000 livres, à la fabrique de l'église cathédrale Saint-Pierre de Troyes [1].

A la Révolution, lors de la suppression des communautés religieuses, les biens du prieuré de Saint-Georges furent saisis et vendus ainsi qu'il suit au profit de la nation :

1° 20 arpents de terres sur le territoire de Méry, adjugés à Jacques Tholotte dudit lieu, moyennant 8.000 livres.

2° 78 arpents de terres sur Droupt-Sainte-Marie, adjugés à Simon Galerne et autres dudit lieu, moyennant 14.800 livres.

3° Le *Prieuré de Saint Georges*, comprenant un corps-de-logis et environ 118 arpents de terres, adjugé à Antoine-Marie Chevalier, des Grès, moyennant 21.200 livres.

4° Les bâtiments et matériaux formant la *Chapelle du Prieuré*, non compris les meubles qui peuvent être dans ladite chapelle et le terrain sur lequel elle est construite, furent adjugés, *pour être démolis et enlevés*, moyennant 1.575 livres, à Nicolas Bègue et autres, de Troyes, qui les cédèrent à Antoine-Marie Chevallier, déjà acquéreur des autres bâtiments du prieuré [2].

§ III. — Chapelle de Saint-Georges-en-Gaonnay.

Nous manquons de détails sur la chapelle de Saint-Georges, succursale de l'église de Vallant [3]. Nous savons seulement, d'après la déclaration du prieur Pierre de la Chasse, qu'elle était très-élevée et exposée aux intempéries. Il n'en reste plus aujourd'hui qu'un seul contrefort extérieur enclavé dans les bâtiments de l'ancien prieuré, convertis en maison de culture. Les reliques et les statues qu'elle renfermait furent rapportées processionnellement dans l'église de Vallant en 1790, au moment où le clergé de Fontaine-Saint-Georges venait pour s'en emparer.

On rapporte que, jusqu'à l'époque de la démolition, les pélerinages étaient encore fréquents à cette chapelle où il existait un puits dans lequel les enfants jetaient des épingles et des boutons (piroiles), genre d'offrande qui, disait-on, guérissait de la fièvre et de la colique.

En 1632, le prieur Jean Dièvre reçut Des Guerrois qui, lui aussi venait faire ses dévotions aux reliques de Saint-Bobin et de Saint-Meslain. En tête de sa *Saincteté-chrestienne*, le docte et pieux chanoine rapporte le certificat suivant :

<hr>

1. Journal de Troyes du 23 avril 1788, numéros 16. 17 et 18.
2. Arch. de l'Aube. Vente des biens du clergé, procès-verbaux des 25 mai, 25 juin, 18 juillet 1791 et 5 mars 1792.
3. Topogr. de l'Aube, p. 93.

« *Le 4ᵉ jour d'octobre feste de S. François, Monsieur Des Guerrois a visité par sa dévotiô, le prieuré de Saint-Georges-en-Gaonnay, y a célébré la S. Messe, et ie soubsigné, Prieur, lui ay fait voir les reliques qui sont en la châsse de ce lieu, avec un escrit fort ancien qui exprime quelles reliques ce sont, lequel escrit a été faict par un Pierre, abbé, Faict ce iour et an 1632. Sous mon sein manuel. (Signé) : I. DIEVRE.* »

Des Guerrois vit une châsse en bois recouverte de laiton argenté et doré qui avait renfermé les reliques des saints Meslain et Bobin, reliques qu'en 1154, Pierre, abbé de Montier-la-Celle avait données à l'église de Saint-Georges, commé l'indiquait encore un écrit sur parchemin antique conservé dans la même châsse : « *Tria brachia, una costa, duæ coxæ* « *Sancti Bobini, sive Melanii, simul enim inveni eorum cor-* « *pora, ego petrus abbas,* » (trois bras, une côte, deux cuisses de saint Bobin ou de saint Meslain, car moi Pierre, abbé, j'ai trouvé les corps de ces saints ensemble). Des Guerrois ajoute que beaucoup de ces reliques ayant été perdues pendant les guerres [1]. ou pris par la dévotion des fidèles, cette châsse ne contenait plus qu'un bras qu'il a vu et honoré, ainsi que le chef de Sainte-Claire, l'une des onze mille vierges, autour duquel était un petit cercle d'argent fort ancien portant ces mots gravés en lettres gothiques : « *Caput Sanctæ Claræ Virginis et martyris* [2].

La Révolution, qui s'est acharnée à détruire les objets du culte de nos ancêtres n'a pas respecté ces reliques. Le bras de Saint-Bobin ou de Saint-Meslain constaté par Des Guerrois, a disparu ainsi que le procès-verbal authentique qui l'accompagnait. L'église de Vallant ne possède plus, dans un globe peint et doré, qu'une portion du chef de Sainte-Claire, mais le cercle d'argent qui l'entourait a été enlevé.

§ IV. — Les Prieurs de Saint-Georges-en-Gaonnay.

En 1105, c'est-à-dire seize ans après sa fondation, le prieuré de Saint-Georges eut pour prieur *Odon* ou *Eudes*, religieux de l'abbaye de Saint-Quentin de Beauvais. Odon, à l'instigation de Geoffroi, évêque de Beauvais. avait été élu abbé de son monastère, malgré la défense d'Yves de Chartres qui, en sa qualité de légat du Pape, devait être appelé à confirmer cette élection. Yves et Guillaume de Monfort, évêque de Paris, délégués du pape Pascal II, déclarèrent qu'Odon ayant été élu abbé contre la volonté du légat, son élection ne pouvait être

---

1. Au mois de juin 1423, deux troupes d'arbalètriers et de maçons de l'armée du duc de Bedfort quittèrent Troyes pour venir démolir les moutiers ou prieurés de Saint-Mesmin, d'Origny et de Villeloup qui pouvaient encore se défendre. Il est à supposer que le prieuré de Saint-Georges placé à proximité de Saint-Mesmin ne dut pas échapper à leurs dévastations. (M. Boutiot, Troyes et la Champagne méridionale, t. II, p. 460).
2. Des Guerrois. La Saincteté chrestienne, ch. I, p. 68 et VI.

validée. Mais comme on ne pouvait, dans la crainte qu'il y fût un sujet de discorde, le laisser parmi les religieux, à la tête desquels il avait été un instant placé, il fut nommé prieur de Saint-Georges-en-Gaonnay.

Jusqu'au siècle suivant, les successeurs d'Odon restent inconnus.

A la fin du xv° siècle, *Robert de Béthencourt*, était prieur de Saint-Georges. Il descendait d'une famille noble de Normandie dont l'un des membres, Jean de Béthencourt, chambellan du roi Charles VI, soumit les îles Canaries à la France et y fonda un établissement important. En 1485, Robert devint abbé de Saint-Quentin de Beauvais par permutation avec *Jean de Boubies* [1].

Après Robert de Béthencourt et Jean de Boubies, voici les noms des prieurs que nous avons pu relever, notamment dans les registres des insinuations ecclésiastiques du diocèse de Troyes.

— .... 1497. *Pierre Martelet.*

— 1497 à .... *Pierre de Cathen.* — Une bulle du pape Alexandre VI, porte provision du prieuré de « *S. Georges de* « *Gannay accordée en faveur de Pierre de Cathen, prieur de* « *Gournay-sur-Aronde; ledit prieuré vacant par la mort de* « *Pierre Martelet, dernier possesseur d'icelui* [2]. »

— 1565. *François de Pilles.* — Mentionné dans une ordonnance des députés du Clergé de France, portant restitution au prieur de Saint-Georges de la somme dont le prix des biens aliénés dépassait la cote de ce prieuré [3].

— 1590. *De Bassefontaine.*

— 1592 à 1597. *Léger Guillaume*, chanoine de l'église collégiale de Troyes.

— 1597 à 1599. *Nicolas Gignon.*

— 1599 à 1601. *Jean Gallien.*

— 1601 à 1618. *Jean Châlon*, prieur commendataire de « *S. Georges de Gonnay* » et chapelain de la chapelle Sainte-Marie-Madeleine fondée en la Sainte-Chapelle du Palais à Paris.

— 1618. *Jean de la Porte*, clerc du diocèse de Paris. Nommé par l'abbé de Saint-Quentin ; ne put être installé malgré ses réclamations.

— 1618 à 1673. *Jean Dièvre*, prieur commendataire par résignation de Jean Châlon ; directeur du Petit-Séminaire de Troyes, seigneur viager de Vallant et d'Orvilliers.

— 1673 à 1713. *Jean Dièvre, le jeune*, probablement neveu du précédent.

— 1713 à 1761. *Pierre de la Chasse*, docteur en théologie, chanoine et archidiacre de Paris. En son absence, son frère

---

1. Gallia Christiana. Abbaye de Saint-Quentin de Beauvais.
2. Archives de l'Oise, fs- de Saint-Quentin de Beauvais.
3. Arch. de l'Aube, G. 948.

Nicolas de la Chasse, chanoine de Saint-Pierre de Troyes, régissait le prieuré ; il fit pour lui déclaration des revenus dudit prieuré à l'assemblée du clergé de France en 1750.

— 1761 à 1763. *Edme-François Gallien*, chanoine et chantre en dignité de l'église Saint-Pierre de Troyes, prieur de Saint-Georges et de Chalette, par résignation de Pierre de la Chasse qui se réserva une pension annuelle et viagère de 600 livres sur les revenus du prieuré.

1763 à 1780. *Nicolas Jeanson*, docteur en théologie, sous-chantre et théologal de l'église métropolitaine de Paris, prieur par résignation de Edme-François Gallien.

— 1780 à 1782. *Antoine-Joseph-Marie Palerne*, docteur en théologie de la Société de Sorbonne, chanoine de Paris.

— 1782 à 1788. *Jean-Louis de Béarn-Béon*, vicaire-général du diocèse d'Aire, aumônier de S. A. R. Madame Adélaïde de France. Il était neveu de Nicolas de Béarn-Béon, abbé de Saint-Quentin-de-Beauvais. Il conserva le prieuré jusqu'à la suppression du titre arrivée en février 1788.

§ V. — La Légende de Bonnet-Vert.

La ferme du prieuré de Saint-Georges a aussi sa légende. Il n'est question ici ni de diables ni de culards, mais d'un petit être inoffensif qui, loin de causer aux habitants le moindre effroi, finit par être regardé par eux comme le bon hôte de leur foyer.

On raconte que souvent, pendant les longues soirées d'hiver, alors qu'au dehors la bise soufflait avec force et que, rangés en cercle autour d'un grand feu, les fermiers et leurs voisins causaient et devisaient des événements du jour, les femmes et les filles étant occupées à tiller ou à filer le chanvre, un jeune homme, *coiffé d'un bonnet vert*, apparaissait subitement sous le manteau de la cheminée. Assis sur un escabeau qui lui était réservé dans l'âtre, il demeurait silencieux, lisant dans un livre ou écoutant les conversations. Si parfois il gênait, les gens n'avaient qu'à lui dire : « Retire-toi, *Bonnet-Vert*, » et docilement le petit homme se rangeait dans son coin. Vers la fin de la soirée il disparaissait comme une vision.

Quel était ce mystérieux visiteur ? Peut-être quelque déclassé de la société cherchant dans le domaine des moines la solitude et l'oubli. On sait que sous Louis XIV, le débiteur insolvable n'obtenait sa liberté qu'à la condition rigoureuse de porter un *bonnet vert*.

Les mères se sont emparées de cette légende pour servir d'épouvantail à leurs enfants rebelles. *Bonnet-Vert* devint à Vallant une sorte de Croquemitaine qu'on menaçait de faire venir pour les châtier de leur indocilité.

Dans ces derniers temps, cette croyance populaire a inspiré la chanson suivante à un habitant du lieu [1] :

1. M. Célestin Moriat.

« Petits enfants qui courez dans la plaine,
Venez à moi, venez vous reposer
Sous cet ormeau, reprenez donc haleine,
Je vais tâcher de vous bien amuser.
Pour des récits, j'ai très-bonne mémoire,
Quoique mon front supporte cent hivers,
De ce hameau, je connais bien l'histoire,
J'étais alors au temps de Bonnet-Vert.

« De Bonnet-Vert ? Quoi ce nom vous fait rire ?
Oui, mes enfants, il existait jadis,
Dans ce temps-là, nul n'osait contredire,
Moi je l'ai vu, bien vu. combien de nuits
L'heure était fixe ou dans chaque soirée,
Il paraissait, mais encore assez fier
Son livre en main, il passait la veillée ;
Je l'ai bien vu, mes enfants, Bonnet-Vert.

« Je l'ai bien vu tenant en main un livre,
Où nul savant ne pouvait lire un mot,
Je crois l'y voir, attentif à poursuivre,
Ce qu'il lisait, assis sur l'escabeau.
. . . . »

CHAPITRE DOUZIÈME

§ I. — Faits chronologiques.

Bien que la chronique d'un village de Champagne semble finir tout naturellement à l'heure où cesse l'ancien régime, l'ancienne division administrative de la France, nous croirions avoir quitté trop tôt Vallant, et paraître oublier son présent et son avenir, si nous ne résumions dans quelques dernières pages, le siècle nouveau, dont la marche, les événements, les progrès ne sont qu'une suite de l'ancienne période et dont beaucoup de faits ont déjà la valeur de souvenirs.

En 1789, l'antique ordre social, fortement ébranlé, fit place à de nouvelles institutions. En exécution d'un décret du 15 janvier 1790, chacune des sections de Saint-Georges et de Vallant est érigée en municipalité, composée d'un maire, de deux officiers municipaux, de deux notables et d'un secrétaire greffier [1].

Le 21 septembre 1792, la République est proclamée et l'arbre de la liberté se dresse à Vallant sur la place de l'église ; le culte est supprimé, les biens du clergé sont saisis et vendus au profit de la nation [2].

1. *Maires de Vallant depuis* 1793. — 1793, Moiiat. — An II, Perrin (Claude-Clément). — An IV, Briois (Claude). — An VI, Menuelle (François), père. — An VIII, Colson (Claude-Alexis). — 1816, Galley (Bonaventure), ancien officier, chevalier de la Légion-d'honneur. — 1819, Menuelle (François), fils. — 1829, Clément (Jacques-Alexis). — 1848, Garnier (Eugène). — 1852, Herluison (Amable). — 1860, Pédct (Amand). — 1871, Herluison (Amable). — 1878, Clément (Emile).

2. Etat des biens vendus par le Domaine (Arch. de l'Aube).

Chapitre de Saint-Pierre.

18 juillet 1791, 25 arpents de terres, finage de Vallant, vendus à Nicolas Martin Huguier, de Méry, pour 2.500 livres.

15 mars 1792, 5 arpents de terres et 3 de prés, même finage, vendus à Pierre Douine, de Vallant, pour 5.400 livres.

8 arpents de terres, même finage, vendus à Etienne-Savinien Marchand, à Saint-Mesmin, pour 2.475 livres.

12 arpents de terres, même finage, vendus à J.-B. Galley, de Vallant pour 2.975 livres.

10 arpents de terres et prés, même finage, vendus à Thomas Belleuvre et autres, de Courlanges, pour 1.750 livres.

18 arpents de terres, même finage, vendus à Pierre Michelin, de Saint-Mesmin, pour 3.475 livres.

17 arpents 19 cordes de terres en 25 pièces, même finage, vendus à Pierre Douine et autres, de Vallant, pour 6.075 livres.

9J arpents de terres, même finage, vendus à Nicolas Herluison, de Vallant, pour 14.600 livres.

Cure de Vallant.

18 juillet 1791, 8 arpents de terres, 1 arpent de prés dans la prairie de Châtres à Vallant, vendus à Pierre Galley, de Vallant, pour 2.400 livres.

9 germ. an IV (29 mars 1796), maison presbytérale et dépendances, con-

En l'an IX (1801), un arrêté consulaire réunit de nouveau Vallant et Saint-Georges en une seule commune qui continua de faire partie du canton de Méry-sur-Seine.

Au fracas et à l'agitation de l'ère républicaine, succède l'Empire avec ses guerres et ses conquêtes ; puis viennent les revers. En 1814, le sol de la Champagne est envahi par les armées étrangères et la garde nationale, « *la Légion de l'Aube* » est mise en activité pour aider à repousser l'ennemi.

Les 7 et 8 février, les troupes alliées entrent à Vallant, 20.000 hommes, Prussiens et Wurtembergeois y campent, enlèvent le bétail et livrent le village au pillage. Deux maisons sont démolies, deux autres incendiées. Les habitants fuyaient pour se soustraire aux mauvais traitements de l'ennemi ; ils traversèrent la Seine et se réfugièrent dans le petit bois des *Iles ou de Saint-Georges,* mais ils y furent poursuivis : on vit alors des femmes entrer dans l'eau jusqu'au col pour échapper à la brutalité des envahisseurs qui répandaient partout la terreur et la désolation.

Le 22 février, jour du *Mardi-Gras,* après le combat de Méry, Napoléon arrive dans le village. L'ennemi était en retraite et suivait l'autre côté de la Seine. Le Maire de Vallant, Claude-Alexis Colson, était monté sur le faîte de sa grange quand un groupe d'officiers français entre dans sa cour. « Que fais-tu là ? lui crie l'un d'eux. — Monsieur, je regarde Saint-Bâle qui brûle.... — Descends ; nous le ferons reconstruire. » Le Maire obéit. Puis l'Empereur, car c'était lui, ajouta, sans se faire connaître : « As-tu sauvé quelque chose ? — Monsieur, tout ce que je puis vous offrir, c'est du pain et même un peu de vin.... — C'est beaucoup pour le moment, dit l'Empereur qui, sans descendre de cheval, but, mangea et présenta les provisions à ses officiers. » Puis, prompt comme l'éclair, il demande le nom de celui qui lui avait donné l'hospitalité et disparaît. Ce ne fut qu'après son départ que le Maire connut celui qu'il venait d'obliger ainsi [1].

Après une première restauration des Bourbons, le retour de Napoléon attira de nouveau contre la France la coalition étrangère et notre malheureux pays eut encore, comme tant d'autres, à supporter les misères de l'invasion ; enfin la paix fut

tenant 1 arpent 40 cordes, vendus à Ant.-Marie Chevalier, des Grés, demeurant à Saint-Georges, pour 1.215 livres 6 sols.

Fabrique de Vallant.

8 therm. an IV (26 juillet 1796), 57 arpents de terres, au finage de Vallant, vendus à Ant.-Marie Chevalier, des Grés, demeurant à St-Georges, pour 7.932 livres 7 sols.

Abbaye de Notre-Dame-aux-Nonnains, de Troyes.

18 juillet 1791, 90 arpents de terres, 2 de prés, bois et broussailles sur Vallant et 2 arpents environ de bois et broussailles sur Méry, vendus à J.-B. Menuelle, de Vallant, pour 11.900 livres.

1. Cette maison, ancienne demeure de la famille de Mauroy avant la Révolution, est aujourd'hui la propriété de M. Barbotte aîné.

signée et pour la seconde fois les ennemis s'éloignèrent en emportant nos milliards.

Les couvertures en chaume occasionnèrent à Vallant de fréquents incendies : en 1803, 18 ménages furent détruits [1]; d'autres sinistres eurent lieu en 1836, 1838, 1839, 1840, 1857 et récemment, en 1870, un incendie consuma 6 maisons et dépendances, 4 granges et 2 écuries.

Pendant la guerre Franco-Allemande, Vallant souffrit peu de l'invasion étrangère. Il se présenta des réquisitionnaires le 31 décembre 1870 ; il y eut en outre quelques passages de troupes les 24, 25, 26 et 27 mars ; 56 cuirassiers blancs, dits de Bismarck, et 285 hussards verts y séjournèrent. Les contributions et impôts auxquels la commune de Vallant fut taxée par le préfet prussien établi à Troyes, s'élevèrent à 10.339 fr. 88 centimes ; en outre, les habitants furent requis d'aller jusqu'à cette ville, avec chevaux et voitures, pour aider au transport du matériel de guerre.

Aux termes de l'armistice conclu en janvier 1872, la rive droite de la Seine forma l'extrême limite des pays que devaient occuper les armées allemandes ; par suite, Vallant, placé sur la rive gauche du fleuve, se vit exonéré du logement des troupes tandis que les pays voisins, Droupt-Saint-Bâle et Droupt-Sainte-Marie, en étaient chargés.

§ II. — Situation. — Topographie.

A la suite des nombreux incendies qui, depuis quarante ans, se sont succédé à Vallant, de nouvelles constructions plus régulières ont remplacé en grande partie les chaumières et changé la physionomie du pays.

Aujourd'hui Vallant est un joli village dont la situation dans la vallée de la Seine est fort pittoresque. La beauté du paysage, qui présente un ensemble de sites variés, en font, pendant la belle saison, un séjour agréable. Ce n'est plus la fatigante uniformité des plats et arides pays de Champagne, ni la verdoyante monotonie « des prés fleuris qu'arrose la Seine, » de quelque côté que se porte la vue, l'œil est agréablement distrait, soit par des accidents de terrain, soit par une riche et plantureuse végétation.

A l'est, c'est la Seine avec ses pentes boisées et ses frais ombrages ; les vertes prairies qu'égayent de longues files de peupliers par dessus lesquelles apparaissent les montagnes crayeuses de Sainte-Syre ; et, non loin de là, coulant parallèlement au fleuve, le canal de la Haute-Seine desservi par une écluse.

A l'ouest, c'est la hauteur d'Echemines et, plus rapprochée, celle de *Chaumont ou de Saint-Georges*, que couronnent les

---

1. Inscription sur le mur nord extérieur de l'Eglise : « *Le 2 octobre 1803, Vallant a été brûlé.* »

seules vignes du territoire et d'où, par un temps clair, l'on peut facilement distinguer la tour de la cathédrale de Troyes, l'œil embrassant de ce côté. l'un des panoramas les plus vastes et les plus splendides du département de l'Aube. C'est la *Belle-Etoile*. hameau dépendant partie de Vallant, partie de Mesgrigny ; le Grand-Saint-Georges et les restes de son ancien prieuré, près desquels sourde le fameux ruisseau autrefois teint, dit la chronique, du sang des soldats d'Attila ; le *Mont-Emini*, monticule factice, peut-être élevé autrefois dans un but de défense sur le bord du même ruisseau, enfin le *Petit-Saint-Georges* et la ligne ferrée qui longe les premières maisons du village.

Au sud, l'horizon est borné par les collines des environs de Troyes ; le hameau de Courlanges, dépendance de Saint-Mesmin, sépare, en suivant le ruisseau de Saint-Georges ou rû de Courlanges. le finage de cette commune d'avec celui de Vallant.

Enfin, au nord, la rivière du Moulin [1], canal formé aux dépens de la Seine, à un kilomètre de Vallant, coule entre le bois des Monts et celui de l'Epinay (*Spina*), non loin de l'étang de Bury, desséché en 1850 à l'exception du ruisseau de décharge qui le traverse et marque la limite du finage du côté de Mesgrigny.

Vallant-Saint-Georges, commune du département de l'Aube, de l'arrondissement d'Arcis et du canton de Méry-sur-Seine, est situé à 6 kilomètres de Méry, à 25 kilomètres d'Arcis et à pareille distance de Troyes. Son altitude, prise de la place de l'Eglise est de 100 mètres et de la hauteur dite de Chaumont de 130 mètres.

Le finage est borné du Nord à l'Est, par ceux de Droupt-Saint-Bâle et de Droupt-Sainte-Marie ; de l'Est au Sud, par le ruisseau de Saint-Georges ou rû de Courlanges, au Sud-Ouest, par celui d'Orvilliers ; au Nord-Ouest par celui de Mesgrigny.

Sous le rapport géologique, Vallant appartient au bassin Parisien. Le sol est composé de craie moyenne recouverte, dans les parties basses, de gravier et de terre bourbeuse, et dans le haut, de terre jaune détritique graveleuse. Dans la vallée, les terres sont grasses, trop humides pour les céréales et trop élevées pour que l'on puisse y faire de bons prés. Sur le côteau, le sol crayeux et graveleux produit un seigle médiocre. Au sommet des *Hauts de Chaumont*, on cultive quelques vignes qui sont d'un faible produit ; aux aspects du nord et de l'ouest, sur les seules friches du territoire, on ne rencontre guère que de chétives plantations de *Vauldres* (petit saule marceau), arbuste qui pourrait servir d'indice pour annoncer la stérilité du sol. Entre cette région et la vallée, se trouvent les meilleures terres qui fournissent d'assez bons froments, notamment autour du village où les habitants peuvent con-

____

1. La rivière du Moulin a pour origine le pertuis de Vallant.

duire, sans beaucoup de frais, le peu de fumiers qu'ils possèdent. Le terrain tourbeux se fait remarquer dans l'étang de
Bury dont le fond n'a jamais été exploité.

Les puits traversent un à deux mètres de terre jaune à bâtir
avant d'atteindre la craie. Leur profondeur, au village, varie
de 4 à 10 mètres suivant les hauteurs ; cette profondeur
atteint 23 mètres à la Belle-Etoile et au Petit-Saint-Georges.
Des sources situées près la Belle-Etoile qui alimentaient autrefois l'étang de Bury, forment un petit ruisseau qui va se
perdre à Châtres dans la rivière du Moulin. Une autre source,
près du Grand-Saint-Georges, forme le rû de Saint-Georges ou
de Courlanges, qui se rend à la Seine en passant par Courlanges ; ce ruisseau tarit en été, mais, pendant l'hiver, grossi par
les eaux du réservoir ou vivier de l'ancien prieuré de Saint-
Georges, il inonde le hameau [1].

Les bois sont assez bien soignés, ils se composent en grande
partie de peupliers, de saules, d'aulnes ; on plante le marceau
dans les terres de petite valeur. Depuis quelques années, on a
essayé, avec assez de succès, la culture du sapin.

Les chemins sont entretenus avec de la grève. Pour la construction des maisons, on emploie la craie et les carreaux de
terre ; les premières assises se font en craie et les ouvertures
en briques alternant souvent avec des assises de craie. Cette
craie est extraite d'une carrière située à un kilomètre du pays,
du côté du Petit-Saint-Georges.

§ III. — Statistique.

Les habitants de Vallant sont en général laborieux ; beaucoup sont dans une aisance relative, la bonneterie leur procure
un travail rémunérateur, mais, par contre, la culture souffre
du manque de bras.

Suivant le cadastre, qui remonte à 1809, et dont plus d'un
chiffre, aujourd'hui inexact, aurait besoin d'être révisé, la su-
perficie totale du territoire est de 1776 hectares 71 ares 88
centiares, dont :

Terres labourables	1566	51	72
Vignes	1	»	»
Jardins et Vergers	5	72	52
Carrières	»	78	34
Etangs	18	85	03
Pâtures	21	35	71
Prés	20	02	30
Saussaies	3	09	14
Bois	6	50	29
Friches	3	71	37
Sol des propriétés bâties	6	34	60

1. Leymerie. Statistique géol. et minér. du départ. de l'Aube, p. 400.

<pre>
Routes, chemins, rues,
places, église, cimetière,
etc.   37   53   84
Rivières et ruisseaux.   25   25   37
</pre>

D'après les recensements officiels, on compte :

En 1804, 401 habitants ; — en 1826, 415 ; — en 1833, 507 ; — en 1836, 486 ; — en 1842, 507 ; — en 1852, 527 ; — en 1856. 515 ; — en 1861, 549 ; — en 1866, 509 ; — en 1872, 485 ; — en 1876, 470.

Le recensement de 1876 constate la population suivante :

<pre>
                  (Garçons. . . . .   93)
Sexe masculin. { Hommes mariés. . . 129 } 244
                  (Veufs. . . . .   22)

                  (Filles. . . . .   77)
Sexe féminin. . { Femmes mariées. . 128 } 226
                  (Veuves. . . . .   21)

                                  Total. 470
</pre>

Cette population se trouve ainsi répartie :

	Maisons.	Ménages.	Individus.
Le Village.	117	148	427
Le Grand-S.-Georges.	3 [1]	3	19
Le Petit-St-Georges. .	2	4	10
La Belle-Etoile.	1	1	10
L'écluse du canal. . . .	1	1	4
	124	157	470

7 personnes sont âgées de 80 ans et au-dessus.

Le chiffre des naissances varie de 6 à 8 ; celui des décès, de 8 à 10.

100 bonnetiers occupent 110 métiers ; 65 habitants cultivent leurs terres et 9 sont fermiers.

Le salaire moyen d'un journalier, non nourri, est de 4 fr. pendant la récolte et de 3 fr. 25 c. en temps ordinaire.

On compte 97 chevaux, 300 vaches, 1124 moutons, 60 porcs, et 153 ruches d'abeilles.

La valeur vénale des terres labourables varie de 100 à 1,000 francs l'arpent ; celle des prés, de 1,600 à 2,000 fr.

Le nombre des contribuables est de 478.

Le montant de la contribution foncière est de 2,796 francs ; de celle personnelle et mobilière, 649 fr

Le budget communal, en recettes et en dépenses, est de 8,995 fr.

---

1. Deux maisons ont été démolies en 1876, il ne reste plus aujourd'hui du Grand-Saint-Georges que les bâtiments de l'ancien prieuré, renfermant 2 ménages et 9 habitants.

L'école mixte est fréquentée, en moyenne, par 37 enfants [1] :
la rétribution scolaire est de 400 fr. L'école possède une bibliothèque scolaire de 104 volumes ; le nombre des prêts faits
au dehors a été, en 1877, de 205 ; elle possède également depuis 1875, une caisse d'épargne scolaire : au 1er janvier 1878,
le total des sommes épargnées était de 1,568 francs, les élèves
ayant un livret à la caisse centrale sont au nombre de 33.

Le presbytère, situé en face l'église, a été acheté en 1859 ;
depuis cette époque le curé réside à Vallant et dessert Mesgrigny [2].

La décroissance de la population et, d'autre part, l'augmen-
tation de la fortune mobilière ont, depuis quelques années,
fait perdre à la propriété foncière plus d'un tiers de sa valeur.

Nous voilà arrivé à la fin de notre travail. Nous désirons
qu'il n'ait pas trop fatigué le lecteur par les nombreux détails
qu'il renferme.

Quelles sont les futures destinées de Vallant ? La Provi-
dence seule le sait. Quoi qu'il arrive, ce que nous souhaitons
à notre cher village, c'est la paix, plus encore que l'éclat ; c'est
le bien-être, récompense du labeur de ses habitants ; c'est d'i-
gnorer les secousses violentes, les sanglants sacrifices au prix
desquels les cités achètent une gloire douteuse et, — ce qui
est, dit-on, le partage des peuples heureux, — c'est de ne
plus avoir d'histoire !

1. Nous devons à l'obligeance de M. Jubereau, instituteur à Vallant, la
liste chronologique suivante des instituteurs de cette commune depuis le
xviie siècle : 1682-1692, Claude Colleson. — 1692-1705, Edme Vedot. —
1705-1730, Pierre Jobert. — 1730-1742, Charles Martin. — 1742-1757,
Étienne Besançon. — 1757-1759, Claude Vallot. — 1759-1789, Jean Moriat. — 1789-1792, Jean-Charles Moriat. — 1792-1804, Edme-Alexandre
Vallot. — 1804-1814, Joseph Garnier. — 1814-1841, Joseph Antoine. —
1841-1862, J.-B.-Julien Lepage. — 1862-1868, Etienne Pontaillier. —
1868-1874, Hippolyte Bertholle. — 1874, Joseph Jubereau.

2. *Curés de Vallant depuis le Concordat.* — 1803, J.-B. Guilvert. —
1803, Lefebvre. — 1811-1822, Maudrillon. — 1822-1825, Valton. — 1825-
1826, Martin et Clivot (non installés). — 1826-1831, Foliard. — 1831-1837,
Boniface. — 1837, Mariotte. — 1838-1843, Currey. — 1843-1845, Lardin.
— 1845-1849, Fontaine. — 1849, Mailly. — 1849-1851, Berthier. — 1851-
1874. Degris. — 1875, Grégoire.

Nota. Jusqu'en 1859, les curés résidaient à Mesgrigny.

APPENDICE.

———

Liste des différentes formes du nom de Vallant, d'après les textes et
documents consultés.

Valanz. — 1139, 1143. Cartulaire de la Rivour. — 1204, jugement arbitral entre Henri de Chennegy et le chapitre
St-Pierre de Troyes (Arch. nationales, Liber Pontificum, f⁰ˢ 420-421).

Valent. — 1151. Charte du comte Henri-le-Libéral pour le
chapitre de S.-Pierre (Arch. de l'Aube, G. 1307).

Valant. — 1161. Charte d'Henri-le-Libéral par l'abbaye de
Saint-Loup (Arch. de l'Aube).—1217, arch. de l'Aube,
fonds de St-Nicolas de Troyes. — 1223. Arbitrage eu-
trage entre Blanche de Navarre et le chapitre de Saint-
Pierre, concernant le territoire de Bury (Arch.. nationales, ancien fonds latin, 5993 A, f⁰ 422 v⁰.

Vallant. — 1184. Charte de l'évêque Manassès. — 1549.
Comptes du chapitre de St-Pierre. — 1788. Inscription
de la cloche de Vallant.

Valentiam. — 1204. Jugement arbitral entre le chapitre de
St-Pierre et Henri de Chennegy (Arch. nationales, Liber pontificum, f⁰ 420.

Valans. — 1219. Arch. de l'Aube, fonds de Saint-Nicolas. —
1396. Jugement du bailli de Troyes concernant l'étang
de Bury (Arch. de l'Aube). — 1429. Comptes de l'é-
vêché (Arch. de l'Aube, G. 291). — 1659. Taxe d'affranchissement des fiefs en roture (Arch. de l'Aube,

Vallans. — 1240. Compromis entre le chapitre de St-Pierre
et l'abbaye de N.-D.-aux-Nonnains (Arch. de l'Aube).
— 1354. Reconnaissance d'hommes par le chapitre. —
1409. Comptes du chapitre. — 1555. Rédaction de la
Coutume de Sens, procès-verbal. — 1559. Bail des dimes de vignes (Arc. de l'Aube, G. 3,111).—xviii⁰ siècle.
Courtalon, topogr. — Carte de Cassini. — Registres de
la paroisse.

Valantium. — 1262. Charte de l'Hôtel-Dieu-le-Comte (Arch.
de l'Aube).

Vaians-Sainct-Jorge. — 1361. Acquisition de terres par des
bourgeois de Troyes (Arch. de l'Aube, G. 1489).

Valentium. — 1376. Arrêt des Grands-Jours de Troyes réglant
le cours de la Seine (Arch. de l'Aube).— 1404. Pouillé
du diocèse (Arch. de l'Aube). — Courtalon, topog.)

Valant-sur-Seine. — 1380. Froissart, Chroniques.

Valencium. — 1381. Arch. municip. de Troyes, comptes. —
1381. Compte de l'aide accordée au roi Charles VI
(Arch. de l'Aube). — 1457, Rôle des décimes ecclésiastiques (Arch. de l'Aube).

Valens. — 1381, 1410, 1444. Comptes du chapitre St-Pierre
(Arch. de l'Aube, G. 281 à 284). — 1398. Revenus des
mairies du chapitre (Arch. de l'Aube). — 1413. Compte
du receveur de l'évêché (Arch. de l'Aube, G. 281). —
1475. Grands-Jours tenus à Vallant (Arch. de l'Aube,
G. 2609). — 1493. Aliénation du moulin l'Abbesse
(Arch. de l'Aube, G. 1247). — 1609. Bail de la seigneurie (Arch. de l'Aube, G. 1247).

Vallens. — 1420-1427. Liste des serfs du chapitre de Saint-
Pierre (Arch. de l'Aube, G. 1980).

Valencyum — xvi⁰ siècle. Pouillé du diocèse.

Vaallans-et-Sainct-George. — xvi⁰ siècle. Liste des paroisses.

Valan. — 1598. Transaction au sujet des moulins (Arch. de
l'Aube). — 1628. Tassin, Carte du gouvernement de
Méry-sur-Seine.

S. Julianus de Valentio. — xvii⁰ siècle. Pouillé du diocèse.

Vallans-Sainct-George; — 1512. Arrêt du Parlement de Paris (Arch. de l'Aube, G. 2613). — 1655. Terrier de
Vallant.

Vallanum. — xviii⁰ siècle. Pouillé. — Courtalon, topographie,
t. III, p. 222.

Vallantium. — xviii⁰ siècle. Courtalon, topogr., t. III, p. 222.

Vallant-Saint-Georges. — xix⁰ siècle.

TABLE DES MATIÈRES

Chap. VIII. — Etat civil.

Chap. IX. — Etat religieux.

Chap. X. — Fief de Bury.

Chap. XI. — Le prieuré de St-Georges-en-Gaonnay.

Chap. XII. —Vallant depuis la Révolution jusqu'à nos jours

ERRATA

Page 7, titre : Martyr de Saint-Mesmin ; *lisez :* Martyre de St-Mesmin.

Page 7, 24ᵉ ligne : *Mauriacus* et la loi Burgande ; *lisez :* Burgonde.

Page 9, 42ᵉ ligne : bataille coulait le sang à plein bord ; *lisez :* bataille roulait le sang à pleins bords.

Page 22, 6ᵉ ligne : baillage ; *lisez :* bailliage.

Page 32, titre : Cours d'eaux ; *lisez :* Cours d'eau.

Page 44, 6ᵉ alinéa doit être rétabli ainsi : Dans les années suivantes figurent au nombre des personnes exemptes de l'impôt, outre le curé, nobles hommes Charles de Mauny, Jean du Bourg, et Philibert Emonin, capitaine général d'artillerie, ancien payeur des rentes à l'Hôtel-de-Ville de Paris. On voit qu'à cette époque Vallant était habité par diverses familles nobles.

Page 48, 14ᵉ ligne, première syllabe de la ligne : réat ; *lisez :* riat.

Page 54, 24ᵉ ligne : dîmes ecclésiastiques ; *lisez :* décimes ecclésiastiques.